eye
守望者

——

到灯塔去

Ang Lee Interviews
李安访谈录

Edited by Karla Rae Fuller　[美]卡拉·雷·富勒 编

邵逸 译

南京大学出版社

Ang Lee: Interviews
Edited by Karla Rae Fuller
Copyright © 2016 by University Press of Mississippi
Simplified Chinese Edition Copyright © 2024 by NJUP
All rights reserved
江苏省版权局著作权合同登记　图字:10-2020-329号

图书在版编目(CIP)数据

李安访谈录／(美)卡拉·雷·富勒编；邵逸译.
—南京：南京大学出版社,2024.6
　书名原文：Ang Lee: Interviews
　ISBN 978-7-305-27721-4

　Ⅰ.①李… Ⅱ.①卡…②邵… Ⅲ.①李安—访问记
Ⅳ.①K825.78

　中国国家版本馆CIP数据核字(2024)第042068号

出版发行　南京大学出版社
社　　址　南京市汉口路22号　　邮　编　210093
　　　　　LI'AN FANGTAN LU
书　　名　李安访谈录
编　　者　[美]卡拉·雷·富勒
译　　者　邵　逸
责任编辑　顾舜若　　　　　　　编辑热线　(025)83597520
照　　排　南京紫藤制版印务中心
印　　刷　南京爱德印刷有限公司
开　　本　787 mm×1092 mm　1/32　印张8.875　字数130千
版　　次　2024年6月第1版　2024年6月第1次印刷
ISBN 978-7-305-27721-4
定　　价　68.00元

网　　址　http://www.njupco.com
官方微博　http://weibo.com/njupco
官方微信　njupress
销售咨询　(025)83594756

* 版权所有,侵权必究
* 凡购买南大版图书,如有印装质量问题,请与所购
　图书销售部门联系调换

目 录

001　引言
029　年表
001　华语影坛新面孔:专访《喜宴》导演李安
009　李安重返故乡拍摄《饮食男女》
013　《饮食男女》:视觉盛宴
027　派头和诱惑
036　聚焦李安
048　一夜之后
061　《与魔鬼共骑》:李安访谈
066　李安和詹姆斯·夏慕斯
091　藏龙现身
108　李安挑战绿巨人

- 123　策马山间
- 136　情热风暴
- 144　残酷计划
- 157　根据真实同性恋故事改编
- 167　关于《制造伍德斯托克音乐节》
- 174　跨越边界
- 196　李安谈《少年派的奇幻漂流》
- 207　李安将《少年派的奇幻漂流》搬上大银幕的旅程
- 222　如何将无法改编的《少年派的奇幻漂流》搬上大银幕
- 228　中英文作品名对照表
- 230　中英文人名对照表

引　言

　　李安是最多元化、最多才多艺、最大胆的导演之一。截至目前,他是唯一两次获得奥斯卡金像奖"最佳导演"奖——凭借《断背山》(2005)和《少年派的奇幻漂流》(2012)——的亚洲人和非白种人。然而,他对影坛的贡献及其作品无法被简单归类。本书收录的很多访谈探究了他的华语作品和西方作品之间的差异。

　　不过,还是先简要介绍一下李安的背景,以便更好地理解是什么让他成为如此独特的导演。李安的父亲是台湾地区最好的高中之一的校长。李安儿时看了很多电影,但他说自己的成长环境"毫无艺术氛围"。他提道:

"我家的观念,我所在文化的观念,是学习实用的东西,上好大学,然后去美国求学、拿学位。"[1]但他高考失利,随后进入台湾艺术大学,学习戏剧和电影。他参与了大量戏剧项目,之后前往美国,进入伊利诺伊大学厄巴纳-香槟分校。然而,李安薄弱的语言能力成了他在美国的瓶颈,他因此从表演转向导演。他在台湾艺术大学已经拍摄了两部超8胶片①电影,因此才作为研究生被纽约大学电影制作专业录取。他的毕业作品时长四十三分钟,名为《分界线》,讲述了一名非法移民的中国女工躲避移民局,以及一个意大利人躲避黑帮的故事。李安于1983年夏结婚,并于1984年完成毕业作品。当时他其实计划返回中国,但他的毕业作品在纽约大学获得了"最佳影片"和"最佳导演"的奖项。李安的妻子找到了一份微生物学家的工作,他们移居纽约。随后,李安有了经纪人,但他此后六年都在被他称为"制作地狱"的状态中挣扎。

李安的第一部长片是《推手》(1991),最初是为了参

---

① 超8胶片(Super 8)是8毫米胶片的改良版,拍摄面积比8毫米胶片更大。(若无特别说明,本书脚注均为译注。)

加台湾地区一次剧本比赛而创作的。他并非一定要拍这部电影,但确实想要一万六千美元的奖金。影片在李安心中已经酝酿了两年:"故事发生在市郊的一幢住宅里。那幢房子里有位练太极的老人,所以屋里充满了中国文化。房子的另一半住着他儿子的美国妻子,她是作家,很神经质。所以两人有隔阂,他们中间是老人的儿子,夹在中国的新旧文化之间。"[2]剧本只用了两个月不到的时间就写好了。预算是四十万美元。李安遇到了合作伙伴——好机器制作公司(Good Machine)的泰德·霍珀和詹姆斯·夏慕斯,并在他们的帮助下完成了影片。他和制作人的会面颇具喜剧色彩,不过终结了李安无电影可拍的困境:"我向他们推介了这个故事。然后詹姆斯对我说:'难怪你六年什么都没拍成。你的推销能力太差了——能成功才怪。'接着他们自我推介,告诉我他们是无成本制片之王。不是低成本,而是无成本。然后我们就开始合作……"[3]

拍摄颇为不易,每天工作十二到十六个小时。李安的妻子在生下他们的第二个儿子之后病了,李安从头到尾都睡眠不足。对于李安来说,时间是独立电影的主要敌人,因为他总是无法按计划完成足够多的镜头。尽管如此,李安在后期制作中还是亲力亲为,他坐在剪辑师身边,参与每一次剪辑。

影片的主题是社会的变迁。《推手》主要讲述的是年长的中国太极大师(郎雄饰)到美国和儿子及美国儿媳一起生活之后发生的矛盾。对于中国人来说,这是一个向西方身份转换的过程。根据李安的说法,东方的方式是大家尽力消除不同——容忍,接受,直到最后的爆发。人人震惊,一片混乱,然后寻找新的生活和新的平衡。还涉及孝顺的重要性。用李安的话说,你成了一个西方人,满怀愧疚地背叛自己的父母。

《推手》仅在台湾地区受到欢迎。在影片中,李安让他的人物在厨房待很长时间。他最喜欢拍摄的地点之一就是厨房,因为那里有不同层次的互动,既是战场,又是个人化的。影片前十五到二十分钟没有对话。人物之间的语言差异在交流和误解中起着重要作用,所以语言的缺席为观众提供了一丝安宁,更为恰当的说法或许是,暴风雨之前的平静。

影片讲述了一位老人探究一个人是否忠诚、是否孝顺父母的故事,尽管李安最早不想拍摄他眼中的老式电影,"我小时候人们就不再拍摄的那种电影"[4]。《推手》开启了李安的长片三部曲,后两部是《喜宴》(1993)和《饮食男女》(1994)。因为着重表现父亲和孩子的关系,这三部影片后来被称为"父亲三部曲"。李安承认,片中父亲和子女之间的很多冲突反映了他和他父亲之间的矛盾。

李安的第二部长片《喜宴》也描述了一段紧张关系,主人公伟同是一名美籍华裔男同性恋者,他向父母隐藏了自己和男友西蒙的同居关系。台湾地区的一家制片厂为《喜宴》提供了七十五万美元的资金。当时,詹姆斯·夏慕斯主动在剧本创作方面向李安提供帮助,根据李安的说法,长期的合作关系就此建立。用导演的话说,夏慕斯确实在剧本方面提供了帮助,"之后发生的事情,可以说是众所周知了"[5]。伟同与想要合法身份的中国移民葳葳"假结婚",试图以此取悦他的父母,《喜宴》的故事由此迅速展开。《喜宴》"对戏剧、喜剧和文化批评的融合"使其赢得了票房与口碑,获奥斯卡金像奖及金球奖提名,在柏林电影节获金熊奖,并横扫金马奖,获六个主要奖项。[6]

在《喜宴》中,主要人物可以说多达五个:伟同、他的同性爱人西蒙、他法律上的妻子葳葳、他的母亲和父亲（再次由朗雄饰演）。"影片的开头让人感觉这会是伟同的故事，但是随着情节的推进，其他人物的出场时间和背景故事变得与伟同分量相当。影片的叙事反映出，其中的各种决定对这个'五口之家'的整体有多么强烈的影响。"[7] 当时，联合制片人詹姆斯·夏慕斯形容道，影片的故事"符合20世纪30年代好莱坞神经喜剧①的套路——只不过人物是男同性恋者和华人！"[8] 李安还表示："五个人物分别代表某种极端，我们把他们放在一起，观察会发生什么。"[9] 导演还承认，因为家族几代人地理上的迁移，自己一直有"身份问题"。"这在某种层面上有政治意味……故事自然而然发展成了这样。"[10]

在克里斯·贝瑞代表《都市杂志》(*Metro Magazine*)所做的采访中，李安说道，伟同和西蒙接吻的镜头在当时台湾地区的影坛开创了先河。但文化冲击之外，影片也展

---

① 神经喜剧（screwball comedy）是浪漫爱情喜剧的一个子类型，讽刺传统的爱情故事，从美国大萧条时期开始流行，直至20世纪40年代中期。神经喜剧通常利用身份与社会地位的差异制造冲突，对话大多机智讽刺，语速很快，戏剧效果强烈。

引　言

示了中国人在纽约被笼统看待的感受。比如,无论来自中国哪里,在纽约,你都只是中国人。李安探讨了不同国家的观众对影片的不同反应——尤其是中国和美国的观众……纽约婚姻登记处的语言在美国观众中引发了笑声。

李安的第三部长片《饮食男女》描述了曾是厨师的鳏居父亲(再度由朗雄出演)和他三个未婚女儿的关系。李安回到台湾拍摄这部"赞美食物与爱(亲情和爱情)"[11]的电影:"老朱有三个性格各异的女儿,她们最终都找到了人生伴侣,而他必须摆脱一个精于算计、飞扬跋扈的女人对他的殷勤,才能找到自己的爱情。通过这种亲切、熟悉的形式,李安再次探究了他钟情的主题——父亲、家庭和责任。"[12]

尽管该影片被视为"父亲三部曲"的最后一部,但李安认为,他开始在一些重要的方面远离他的前两部长片。"我开始做电影实验,主要在思考立体主义①。我没有采

---

① 立体主义(Cubism)是20世纪极具影响力的视觉艺术流派,代表人物是毕加索和乔治·布拉克。立体主义风格强调平面、二维的画面,摒弃了传统的透视、前景、造型和明暗等技术,并驳斥了艺术应模仿自然的古老理论。

用线性结构,而是在寻找承载影片的不同方式。所以我尝试塑造一个事件或一个人物,然后从不同的角度看待之。但如果想从不同的角度去看,那你就必须用相应的拍摄方式去反映这一点。"[13]

《饮食男女》的故事发生在中国台湾地区。李安指出,影片受到了日本导演小津安二郎和其他华语家庭剧情片的影响。但他说,对这部影片启发最大的其实是一句中国俗语:"天下没有不散的筵席。"[14]食物显然是一种隐喻,但李安认为筵席是代表他对故乡之情感的重要元素。影片(与前作《喜宴》一样)获奥斯卡金像奖"最佳外语片"提名,在评论界大获好评,在商业上也很成功,成为截至当时在美国发行的最成功的华语电影。

李安作品的核心是对人际关系的关注,这显然让他脱颖而出,成为承接一个看似截然不同的项目——执导简·奥斯汀作品《理智与情感》改编的电影(1995)——的理想人选。不少评论家认为,从常被归为风俗喜剧①的

---

① 风俗喜剧(comedy of manners)是讽刺特定社会群体——特别是上层社会——的行为的喜剧。

《饮食男女》到《理智与情感》是一种自然的过渡。影片的编剧兼主演艾玛·汤普森也颇为赞赏李安此前的作品,认为"与李安一起工作教会了她整体大于部分的总和这一道理"[15]。

严格来说,《理智与情感》是李安的第一部英语电影,导演说他得到了团队的鼎力支持,尤其是艾玛·汤普森和艺术指导。李安说道,他在拍摄前进行了六个月的研究,通过阅读文学作品、造访博物馆和房屋、勘景及查看戏服——时常和主演艾玛·汤普森一起——尽力学习。[16]李安坦承这是一个漫长的学习过程,艾玛·汤普森非常热情,带他去"博物馆看那个时期的画作,让我看到浪漫主义精神的出现、都市主义(metropolitanism)和工业革命的兴起"[17]。确实,李安常被问及,他是如何进入与他自己的背景截然不同的地域和时代的:"很多人问:'你是怎么做到的?'但我不是单枪匹马一夜之间就做到的!我有一整个团队,与他们合作让我得以发挥自己的才智和电影才华。这是团队合作。一段时间之后,我几乎忘记了我是作为一个中国人在拍这部电影。我个人并不把自己的作品区分为中国电影和美国电影。"[18]

在《理智与情感》中,叙事的核心是埃丽诺(艾玛·汤普森饰)和玛丽安(凯特·温丝莱特饰)两姐妹,以及她们如何分别象征理智与情感。埃丽诺更理智,而玛丽安更情绪化。《饮食男女》和《理智与情感》以截然不同的文化与时代为背景。但《理智与情感》的主人公对自己的姐妹说"你怎么会懂我的心?"时,这两部电影的共通之处显而易见。[19]

尽管李安颇费了一番力气才适应英国演员的工作方式,但这部影片在评论界备受赞誉,并获包括"最佳影片"在内的七项奥斯卡金像奖提名。李安未获"最佳导演"提名,但艾玛·汤普森创作的剧本最终获奖。李安将这部影片视为自己职业生涯中"一部好的过渡作品",因为这是 A 级制作①。

李安的下一部作品是《冰风暴》(1997),这是他的首部纯美国电影,改编自里克·穆迪 1994 年出版的同名小说。《冰风暴》以 1973 年的感恩节假期为背景,讲述了康

---

① A 级制作(A-list production)指投资高、有著名演员参与的重要项目。

涅狄格州新迦南富人区两个失调家庭的故事，两家人都在努力应对70年代初的政治和社会变革。他们的逃避行为——酗酒、通奸和性爱实验——间接酿成了悲剧。

李安的制作伙伴詹姆斯·夏慕斯和泰德·霍珀——曾与他合作《喜宴》和《饮食男女》——在为他寻找其他的英语项目。李安读完里克·穆迪的小说之后，认为这部文学作品是"非常好的电影素材"[20]。然而，李安未按原计划在秋冬进行拍摄，而是赶在春夏拍摄。李安说他这么做的原因和《理智与情感》收获一致好评有关："《理智与情感》所取得的成功和受到的关注让我感到非常疲惫、腻烦，我迫不及待地想要重新投入工作，所以我们就开工了。"[21]因为要掩饰真实的季节，拍摄遇到了不少障碍。此外，小说对毒品和换妻进行了"负面"描写，影片描述的新迦南地区的部分居民因此反对拍摄。[22]

尽管影片的演员阵容包括凯文·克莱恩、琼·艾伦、托比·马奎尔、克里斯蒂娜·里奇、伊利亚·伍德和西格妮·韦弗，预算约一千八百万美元的《冰风暴》，票房却只有八百万美元。最终，《冰风暴》在评论界获得了好评，但商业上并不成功，是亏本的。李安声称，制片厂在发行过程中没有为影片提供强有力的支持,也没有与他合作。他说公司甚至没有告诉他 DVD 何时发行。然而,《冰风暴》在 DVD 和有线电视等辅助市场上销售成绩不错,因此随着时间的推移,该影片的知名度逐渐提升。

李安的下一部长片《与魔鬼共骑》(1999)完全脱离了从《推手》到《冰风暴》的所有作品都遵循的"家庭剧情片"模式。故事以美国内战为背景,剧本是詹姆斯·夏慕斯在丹尼尔·伍德里尔的小说《幸存之殇》(*Woe to Live On*)的基础上创作的。影片所描绘的中心事件是内战开始时一个南方民兵组织和北方士兵在密苏里州逐渐升级的游击战。演员阵容包括托比·马奎尔、斯基特·乌尔里奇、杰弗里·赖特、乔纳森·布兰迪斯、吉姆·卡维泽和音乐人珠儿。

《与魔鬼共骑》中最令人难忘的元素之一是杰弗里·赖特饰演的霍尔特———一名被解放的奴隶,因为忠诚于一位南方朋友而为南方作战。在影片的前二三十分钟,霍尔特没有说话。他是重要却暂时沉默的存在。这样做看似十分冒险,但从李安的首部作品《推手》中我们就能看出,这位导演愿意甚至是喜欢插入可能超过二十分钟的无对白片段。事实上,李安曾说,他更喜欢人物用身体语言和走位——而非对白——进行自我表达的场景与戏剧片段。

身份问题在影片中比比皆是。南方民兵杰克·罗德尔(托比·马奎尔饰)是德国裔,他的家庭支持北方。在南方人中,他是外来者。作为外来者,他和霍尔特明白区域、民族与种族身份方面的矛盾意味着什么,并因此建立了坚不可摧的关系。在《与魔鬼共骑》中,李安走出"家庭剧情片"的舒适区,挑战宏大主题——内战中更大范围内的忠诚与同盟。

不幸的是,《与魔鬼共骑》的影院发行规模十分有限,用李安的话说,"被抛弃了"。这是一部与众不同的影片,暴力但看起来并不过瘾,全是话很多(而且说的是当时的方言)的奇怪人物,情节堪称曲折。然而,该影片标志着李安脱离了他熟悉的以家庭为中心的电影。初次尝试之后,他感到自己可以掌控"更大"的影片。

确实,李安拍摄了拥有国际化演员阵容的"大片"《卧虎藏龙》(2000)。关于这部影片的讨论很多,涉及其中的人物、动作片段的高质量,以及主演的文化/语言差异和背景等更具争议性的话题。首先,《卧虎藏龙》是人物李慕白(周润发饰)和俞秀莲(杨紫琼饰)的爱情故事。配角包括玉娇龙(章子怡饰)、碧眼狐狸(郑佩佩饰),以及玉娇龙的强盗爱人罗小虎(张震饰)。情节涉及相互冲突的忠诚、相爱与别离、师徒关系、女性对冒险与成就的渴望,中间点缀着惊艳的动作片段。

《卧虎藏龙》改编自王度庐创作的五部曲系列小说的第四部,片名的意思是"正统社会表象之下可能存在的隐秘现象"[23]。李安曾表达他对小说作者的欣赏之情:"我一直很喜欢这位作家,以及他对中国古典文化的传统而怀旧的诠释。他的作品中有一定的现实主义——不会太疯狂、太过分。其中有突出的女性人物和悲剧结尾,这两者在武侠小说中都是很少见的。"[24]

他还解释道,原著是一部"武侠小说"。"'武'指的是军事、武功。'侠'则是侠客,有道义的勇者。"[25]不过,侠客与日本武士和游侠骑士不同,因为侠客不是一个阶级,不是一种职业。[26]"侠客是有道义的勇者,没有固定形式。相较于像日本武士那样效忠幕府或神社的游侠骑士,他们更像西部电影中的孤胆英雄,四处漂泊漫游。在书中,李慕白和女性人物俞秀莲都是侠客。"[27]

在与詹姆斯·夏慕斯共同接受采访时,李安提道,(与夏慕斯)共同创作剧本既有收获又有挑战,最终的影片具有国际号召力。这正是他们选择用中文拍摄影片——而未拍摄中英两个版本(这是曾考虑过的方案)——的决定性因素。[28]

动作指导袁和平对影片做出了重大贡献。最终,《卧虎藏龙》出人意料地成了国际热门影片,票房超两亿美元;在美国,票房超一亿美元,成为美国历史上票房最高的外语电影。该影片获得了奥斯卡金像奖"最佳外语片"及其他三个奖项,并获其他六项奥斯卡金像奖提名,包括"最佳影片"。

规模更大的影片《绿巨人浩克》(2003)运用了特效,在预算和规模方面超越了李安此前的所有作品。李安承认自己并非从小就喜爱漫画,但努力尝试向影片中注入"情感和复杂性",否则这部影片可能只是又一部典型的暑期大片。[29]表演经验相对较少的艾瑞克·巴纳担任主演(饰演布鲁斯·班纳博士/绿巨人),演员阵容还包括詹妮弗·康纳利(饰演主人公的女友贝蒂)、山姆·艾里奥特（饰演贝蒂的父亲）、乔什·卢卡斯，以及尼克·诺特（饰演布鲁斯的父亲，科学家大卫·班纳）。尽管这部影片是李安至此规模最大的作品，但他似乎回归了家庭剧情片，只不过是以大片的形式。他对布鲁斯·班纳及其父亲大卫之间的关系的探索尤其凸显了这一倾向。

显然是因为《卧虎藏龙》取得了惊人的成功，李安才有机会执导《绿巨人浩克》——他的首部大制片厂商业大片。李安提到他想证明——尤其是向自己证明——某些事："我想全都做到。我希望影片能够满足观众对动作戏的渴望。但我也想构建……一部心理剧①，呈现推进动作戏的激烈情感。这一过程带来了一些冲突和争议。但这种挑战让我兴奋。我希望向自己证明我能够做到。"[30]

李安将取悦观众的动作戏和紧张的心理戏结合在一起。主人公害怕化身为另一个自我——绿巨人——时失控，但他变成破坏力极强的绿巨人时，也会有奇怪的宣泄的快感，这反应了李安作品的共同主题——情感压抑的

---

① 心理剧（psychodrama），人物内心活动及情感占重要地位的戏剧或电影作品。

引 言

问题。这在他的每一部电影中都以某种形式存在。最终,变身绿巨人让主人公和恋人贝蒂疏远,并让他成为政府恐惧和私人利益集团剥削的对象。然而,不同于超级英雄/漫画改编电影的传统,主要冲突并没有在和强大的反派战斗时达到高潮。布鲁斯因为父亲无意中转移的辐射而变成绿巨人,这成为影片最后高潮对决的核心。

尽管花了两年多时间才完成(李安甚至亲自穿上绿巨人的服装,完成计算机生成影像所需的动作捕捉),但影片得到的评价令人失望。它未能引发漫画迷的强烈共鸣(尽管片中偶尔有漫画式的分屏视觉效果),漫画迷认为影片对原著故事的改编和视觉效果都不理想。然而,有些评论者对李安表示赞赏,因为他尝试表现布鲁斯和父亲大卫·班纳之间复杂的关系,并向影片里添加了大多数漫画改编的大片中看不到的心理深度。

李安重振旗鼓,决定在下一部作品中回到更小规模、更私密的维度,并大获成功。《断背山》讲述了两位牛仔——恩尼斯·德·玛尔(希斯·莱杰饰)和杰克·特威斯特(杰克·吉伦哈尔饰)——之间绵延二十多年的爱情与性关系。

影片改编自安妮·普鲁1997年发表于《纽约客》杂志的短篇小说。在李安签约担任该片导演之前，这个具有开创性的项目已经流转多年："在此后的七年中，这个项目在好莱坞被踢来踢去（一度说会由乔·舒马赫执导，后来又变成格斯·范·桑特），积灰的同时，也逐渐得到了更多的欣赏，成为未制作的伟大剧本之一。最终，刚从拍摄两部复杂动作电影的疲惫中恢复过来的李安想起了这个项目，并说服制作人詹姆斯·夏慕斯和焦点影业（Focus Features，夏慕斯在该公司任联合主席）加入。"[31]

李安坦诚地描述了读完短篇小说和剧本之后的感受。他说自己被故事深深打动并潸然泪下。他曾说过，他尝试寻找外来者故事中的共性。李安认为，他之所以能够理解作品中的外来者，是因为他感觉自己就是永远的外来者。离开故乡，搬到一个陌生的国家，这让他无法完全属于任何一个地方。因此，他坚称自己是以这个独特的视角——外来者的视角——进行观察的，在这个角度，多数人视为理所当然的规则会不断被挑战。

《喜宴》和《断背山》让李安成为拍出部分最优秀的同性恋影片的异性恋导演。然而，李安认为《断背山》本质上是一个能让所有观众——无论是同性恋还是异性恋——产生共鸣的爱情故事。[32]

环境对该影片的戏剧冲击力而言非常关键。李安认为,断背山必须是一个角色,因为影片涉及的主题都极度抽象。李安简洁地总结道:"这在我看来带有浓厚的存在主义色彩。影片的主题是爱的幻觉。他们一直想找回自己最初经历时就并不真正理解的东西。他们从未得到过,得到时又错过了。我认为是这个主题让我被这个故事吸引了。"[33]

据李安说,《断背山》让他的创作状态和个人状态好转了。李安在接受多家报刊采访时说,经历了制作《绿巨人浩克》的艰辛并最终收到毁誉参半的评论之后,拍摄《断背山》的过程十分"治愈"。李安凭借这部作品获得奥斯卡金像奖"最佳导演"奖,不过该电影在"最佳影片"的角逐中输给了《撞车》(*Crash*)——对于很多希望《断背山》赢得这一奖项的人来说,此结果无疑颇具争议。

《色,戒》(2007)标志着李安电影的背景回到中国。这部谍战惊悚片改编自中国作家张爱玲1979年发表的同名中篇小说。影片讲述的是一群大学生密谋暗杀"汪伪国民政府"的一名高级特务兼招募人员,他们企图利用一名迷人的年轻女子将他诱入陷阱。

影片包含充满激情又带有虐恋色彩的露骨性爱场面。李安解释说这些片段自成叙事:"性爱场面必须讲述故事。人物的身体语言必须向观众传达信息,其存在才有意义。这些片段具有戏剧性目的。王佳芝需要坠入爱河,所以才有这样的画面:易先生搂着她,而她像婴儿般蜷缩着。他很用力,仿佛要勒死她,她却被感动了。"[34]

确实,李安将他执导的性爱场面比作"动作电影中的动作编排"。他指出,两位主人公的大部分性爱姿势都是带着清晰的戏剧性目的设计的。他会寻找"最能直接表达我的意图"的身体语言,然后与演员沟通。他会探讨"场景的戏剧性,人物在想什么,以及他们如何较量、如何进退"[35]。

李安认为《色,戒》是一部极其个人化的电影,不仅因为这是一部华语电影,更因为他在作为导演塑造片中人物的过程中,"了解并运用了我过去不自知的内心情感"[36]。《色,戒》获威尼斯电影节金狮奖,这是李安第二次获此殊荣,前一年《断背山》也获得了这个奖项。影片在影院上映时,他拒绝为了获得 R 级评级而对内容进行任何修改,不过为了在更多的租赁店和商店发行,DVD 版根据 R 级标准进行了剪辑。[37]

《制造伍德斯托克音乐节》(2009)是李安在完成非常激烈的《色,戒》之后推出的相对轻松的作品。影片改编自埃利奥特·台伯(迪米特利·马丁饰)的真实故事。1969 年,台伯和他的父母(亨利·古德曼和艾美达·斯丹顿饰)——在纽约上州①共同经营一家破败的汽车旅馆——深度亲历了伍德斯托克音乐节这一文化事件。然而,李安明确表示,《制造伍德斯托克音乐节》不是一部有关音乐的电影,其本质上是对家庭关系的探究,这诚然是导演熟悉的领域。

《色,戒》引发争议之后,执导一部喜剧的机会吸引了李安。他说,制作这部华语电影并在亚洲和美国进行宣传的经历让他身心俱疲,之后他不仅失眠,还会突然失控大哭。[38]

---

① 纽约上州(upstate New York)在口语中泛指纽约州除纽约市及长岛以外的所有地区。

《制造伍德斯托克音乐节》的拍摄耗时四十二天,制作费用约三千万美元,几乎是《色,戒》的两倍。影片仅收回一小部分预算。有的观众期待看到一部纪录片、一部音乐会电影,或一部更具诱惑性的男同性恋者出柜的电影。尽管李安对美国文化史上这一标志性事件的独特表现赢得了一些好评,但很多观众似乎对影片感到失望。

李安的下一部作品被广泛认为是技术和艺术上的杰作。《少年派的奇幻漂流》是一部真人和计算机生成影像结合的 3D 冒险影片,改编自扬·马特尔 2001 年出版的同名小说。"故事围绕一个名叫派西尼·莫利托·'派'·帕特尔的印度人展开。他住在加拿大,正向一名小说家讲述他的人生故事,以及他十六岁时遭遇沉船事故并幸存的经历,他的家人全部在海难中丧生,而他和一只名叫理查德·帕克的孟加拉虎被困在太平洋中的一艘救生艇上。"[39]《少年派的奇幻漂流》一度被认为"无法拍摄",电影项目在不同的人之间辗转多年。福克斯于 2003 年买下电影版权之后,包括 M. 奈特·沙马兰和阿方索·卡隆在内的其他导演经考虑都拒绝了这个复杂的故事。[40] 李安在这个项目上花了四年时间,并几乎立刻就决定将其拍成 3D 影片[41],因为他认为,和老虎一起在救生艇上的很多场面需要进行某种视觉放大,以此让观众保持兴趣。

然而,即便是在接下这个项目之后,李安也多次以为影片无法完成。他告诉记者,这是他在整个职业生涯中首次有这种感觉:"就在我们开始进行实体的前期制作之前。开始制作之前,我对发生在海上的部分进行了视效预览,我做了这么充足的准备。他们一度想要放弃这个项目,因为太冒险了……但我只要开始做,就必须做完。我不断地劝说他们,最终他们回心转意了。"[42]

《少年派的奇幻漂流》不仅是视觉和心灵盛宴,也是思想盛宴。影片以"迷人的、刻意平淡的终章"收尾,"质疑我们所见的现实"[43]。影片让观众相信难以置信之事,融合了商业大片精美梦幻的视觉效果和艺术电影中的深刻问题与普世主题。《少年派的奇幻漂流》上映后取得了口碑和票房的双丰收,全球票房超六亿美元,几乎是其预算的六倍。影片获十一项奥斯卡金像奖提名,并获得四个奖项:"最佳原创配乐""最佳视觉效果""最佳摄影"和李安的"最佳导演"。

李安在过往作品中选择多样的主题和视觉风格,因此被誉为"全能""跨类型""改变类型"和"题材多样"的导演。关于他独特的手法和对电影制作的热情,李安自己描述得最好:"让我兴奋的素材需要某种类型或几种类型的结合去呈现。需求会自然显现,而我会积极学习相应类型的运作方式。我学习规则,然后可能会打破部分规则。你得了解规则,否则就没有和观众交流的工具,但为了具有新意,你得打破部分规则。我不把类型视为选择的要素,素材才是要素,有了素材之后,我再决定需要什么类型。这就是我的工作方式。"[44]说得好,不愧是一位在创作上不拘一格、拒绝标签且无所畏惧的重量级导演。

卡拉·雷·富勒

原注

1. Glenn Kenny, "Crossing Borders," *DGA Quarterly* 4, no. 1 (Spring 2010).

2. Stephen Lowenstein, ed., "Ang Lee: *Pushing Hands*," in *My First Movie* (New York: Penguin Books,

2002), 368.

3. Kenny.

4. Michael Berry, ed., "Ang Lee: Freedom in Film," in *Speaking in Images: Interviews with Contemporary Chinese Filmmakers* (New York: Columbia University Press, 2005), 331.

5. Kenny.

6. Berry, 326.

7. Whitney Crothers Dilley, *The Cinema of Ang Lee: The Other Side of the Screen* (London and New York: Wallflower Press, 2007), 62.

8. Dilley, 61.

9. Berry, 331.

10. Berry, 332.

11. Nick Dawson, "Father Knows Best: The Early Comedies of Ang Lee," www.focusfeatures.com, June 19, 2009.

12. Dawson.

13. Berry, 337.

14. Berry, 336.

15. Dawson.

16. Berry, 338.

17. Berry, 338.

18. Berry, 338.

19. Dilley, 88.

20. Iain Blair, "Ang Lee: The Director Braves *The Ice Storm* in His New Fox Searchlight Release," *Film & Video*, October 1997, 50.

21. Blair, 50.

22. Blair, 50.

23. Mitch Persons, "Ang Lee on *Crouching Tiger, Hidden Dragon*," *Cinefantastique*, 33, no. 1/2 (April 2001): 96.

24. Persons, 96-97.

25. Persons, 97.

26. Persons, 97.

27. Persons, 97.

28. "Ang Lee and James Schamus," guardian.co.uk,

November 2000.

29. Ian Grey, "An Even More Incredible Hulk," www.fangoria.com, June 2003.

30. Gene Seymour, "Aarrgh!! Another Leap for Ang Lee," *Newsday*, June 15, 2003.

31. Peter Bowen, "Ride the High Country," *Filmmaker*, October 1, 2005, 34.

32. Garth Franklin, "Interview: Ang Lee, *Brokeback Mountain*," *Dark Horizons*, www.darkhorizons.com, December 2005.

33. Carlo Cavagna, "Interview of Ang Lee", www.Aboutfilm.com, December 2005.

34. Damon Wise, "Censor Sensibility," *Empire*, December 2007, 167.

35. Wise, 167.

36. Jennifer Merin, "Taking What He Gives," *New York Press*, September 2007, 27.

37. Wikipedia.org/Lust, Caution (film).

38. Damon Wise, "Hippie Talking," www.empireonline.

com, November 2009.

39. Wikipedia.org/Life of Pi (film).

40. John Hiscock, "Ang Lee, Interview: How He Filmed the Unfilmable for *Life of Pi*," www.telegraph.co.uk, December 19, 2012.

41. Hiscock.

42. Steve "Frosty" Weintraub, "Ang Lee Talks *Life of Pi*, the Difficulty of Getting the Project Off the Ground, 3D as a New Artistic Form, Deleted Scenes and More," www.collider.com, October 3, 2012.

43. Philip French, "*Life of Pi*—Review," www.theguardian.com, December 23, 2012.

44. Weintraub.

年 表

1954年　10月23日,生于中国台湾省屏东县潮州镇。
1971年　从台南第一高级中学毕业。
1973年　进入台湾艺术大学学习戏剧。
1975年　从台湾艺术大学毕业。
1976年　在中国台湾地区服兵役两年。
1978年　离开中国,进入美国伊利诺伊大学厄巴纳-香槟分校;随后获戏剧专业艺术学士学位。
1980年　就读于纽约大学。拍摄学生短片《追打》。
1981年　拍摄学生短片《我爱中国菜》。
1982年　拍摄学生短片《阴凉湖畔》。

1983 年　与林惠嘉结婚。

1984 年　担任斯派克·李纽约大学毕业作品《乔的理发店：我们开始吧》(*Joe's Bed-Stuy Barbershop: We Cut Heads*)的助理摄影师。儿子李涵出生。

1986 年　执导纽约大学艺术硕士毕业作品《分界线》。随后六年一直没有工作。赋闲照顾孩子。

1990 年　儿子李淳出生。

1992 年　执导《推手》。担任影片的导演、剪辑、制作人和编剧。

1993 年　执导《喜宴》。担任影片的导演、制作人和编剧，并客串。

1994 年　执导《饮食男女》。担任影片的导演和编剧。

1995 年　执导《理智与情感》。担任张艾嘉导演作品《少女小渔》的联合制作人和编剧之一。

1997 年　执导《冰风暴》。担任影片的导演和制作人。

1999 年　执导《与魔鬼共骑》。

2000 年　执导《卧虎藏龙》。担任影片的导演和制作人。

2001 年　《卧虎藏龙》获奥斯卡金像奖"最佳外语片"奖。

　　　　　李安执导《圣子》[来自宝马短片集《赏金车神》（*The Hire*）]。《卧虎藏龙》获金球奖。

2003年　　执导《绿巨人浩克》。

2005年　　执导《断背山》。

2006年　　凭借《断背山》获奥斯卡金像奖"最佳导演"奖，成为获此奖项的第一名亚洲人及非白人人士。

2007年　　执导《色，戒》。在威尼斯电影节获金狮奖。作为受访者出现在纪录片《好莱坞华人》（*Hollywood Chinese*）中。

2009年　　执导《制造伍德斯托克音乐节》。

2012年　　执导《少年派的奇幻漂流》。担任影片的导演和制作人。

2013年　　凭借《少年派的奇幻漂流》再次获奥斯卡金像奖"最佳导演"奖。

华语影坛新面孔：专访《喜宴》导演李安

克里斯·贝瑞/1993年

全新闹剧《喜宴》正在（澳大利亚）全国上映，发行方宫殿娱乐（Palace Entertainment）对影片寄予厚望。与《恐怖分子》《悲情城市》《戏梦人生》《牯岭街少年杀人事件》等侯孝贤和杨德昌的艺术电影不同，《喜宴》是一部颇受欢迎的主流电影，不过对艺术电影观众也有一定的吸引力。影片已在柏林电影节获得金熊奖，在欧洲、美国和中国取得佳绩，已产生四百万美元的收入。

然而今年早些时候，这部影片作为墨尔本国际电影节的开幕影片放映之后，导演李安有些焦虑。"在西雅图放映时，观众的反应要比昨天热烈一百倍。第一次有观众起立为我的影片鼓掌。在旧金山,观众的反应更加热烈。"他不安地说道。我向他解释了美国和澳大利亚之间的文化差异;澳大利亚人在国际上有外向的名声,但其实在国内他们比较内向。电影节的观众可能没有大呼小叫,但他们真的很喜欢这部电影。

这一切颇有些讽刺,因为正如澳大利亚观众和美国观众的不同反应展示出,不是所有盎格鲁-撒克逊人都是类似的,《喜宴》击破了一些有关中国人的刻板印象,也展示了中国人内部的文化差异和代沟。《喜宴》的主人公是一位名叫伟同的男同性恋者,他和爱人西蒙一起住在纽约。他在故乡的父母不知道他是同性恋,一直催他结婚。作为独生子,他有责任传宗接代。同时,他的朋友,来自中国的画家葳葳遇到了麻烦,需要绿卡。伟同决定一石二鸟,和葳葳结婚。然而,他年老体弱的父母决定参加婚礼后,闹剧正式拉开序幕。

无论是在中国的什么地方,很多人都有恐同倾向,因此李安选择这个主题冒了很大的风险。影片能有这么好的表现出乎了所有人的意料。"我认为台湾地区正在逐渐接受不同的价值,因此,突然就可以接受了。"他解释道,"我相当确定这是台湾影坛首次出现男同性恋者接吻的场景。放到那一段时,观众非常安静,但这没有关系。在台湾,传统价值在逐渐瓦解,因此人们在尝试寻找不同的价值,多元的价值正在逐渐被接受。这部影片此时到来,正好可以打破屏障。"

多元文化主义在中国台湾地区兴起,可能会令很多认为中国文化相对同质的澳大利亚人感到惊讶。"我的身份混合了很多元素,相当令人困惑,"李安说道,"我不是台湾本省人(他的父母1949年从大陆迁居台湾),所以某种意义上,在今天的台湾我是外来者。但如果我回大陆,我又是台湾人。现在我住在美国。我在任何地方似乎都是外来者。当然我认同中国文化,因为这是我的成长背景,但这变得十分抽象。在纽约做中国人的感觉和在中国是不一样的。无论来自中国哪里,在纽约,你都只是中国人;我们被笼统地看待,融合在一起,人们因抽象的中国人身份相互吸引。因此,在影片中加入来自中国不同地区的纽约华人是非常自然的,因为这是我的生活的真实写照——不同的语言和人物混杂在一起。对我来说这很自然。"

伟同的性取向象征着这些内部文化差异及其在华人社区内部造成的矛盾和幽默。确实,尽管李安显然不是同性恋者,他却对伟同有强烈的认同感。"《喜宴》中的父亲是一位国民党将军。他认为必须延续传统:'高家的香火必须延续下去;这是我唯一的儿子。'这一点和我与我父亲很像。我出生时,他非常开心。遇到我母亲之前,他想要出家。他出身于地主家庭,我父亲很年轻的时候是一名地方官员。他是唯一离开他家的,我母亲也是她家唯一出走的。我出生时,李家有了新的希望,所以我负担很重。伟同也有同样的感觉,不过我把他设定成同性恋者,让这一切更加戏剧化,这意味着他无法延续香火,这是对父权传统的终极挑战。"

不过同时,李安在影片中明确表示,他也能理解片中的父亲。这一点能够解释为何在一个很多同性恋主题的好莱坞喜剧都表现不佳的地方,一部华语电影会取得成功。和《玻璃圈风云》(*Partners*)、《一笼傻鸟》(*La Cage Aux Folles*)等不同,《喜宴》中的幽默不是建立在任何一个角色的悲惨之上的。影片从闹剧中常见的第三人称视角叙事,因为这会让观众知道得比任何一个角色都多,比如，我们会看到假结婚的搞笑和荒谬，而片中人物则不知道或不能表现出来。不过，影片还借鉴了二十世纪四五十年代的老套中式情节剧①，以充满同情的视角叙事，让我们出于理解而被影片逗笑，而不是嘲笑片中人物。

中国观众非常熟悉的这种情节剧传统赋予了影片一种五味杂陈的品质，这一点西方观众可能较难感知到。"对于他们来说，影片有趣又情感充沛，重申了一些传统的家庭观念，"李安说道，"看一个中国家庭经历这一切，对他们来说十分有趣。仅此而已。"另一方面李安相信，对于中国观众来说，夸张的表面之下，无言的痛苦和忍耐更具冲击力。"大团圆结局是虚假的。内里其实非常悲哀和感伤，因为每个人都为大团圆结局付出了很大的代价。喜宴极具象征意义。在我看来，喜宴结束后，父母十分满足地离开的画面是最精彩的片段之一，所以我为这个场景拍了整个喜宴的片段。儿子看着父母离开，很美好，新娘感觉自己像真的新娘，老司机过来握手。完成这

---

① 情节剧（melodrama）是充满激动人心的情节、人物情感比真实人物夸张的故事、戏剧或电影。

个场景之后,我哭了。这是影片的最后一个场景。① 完成这个场景之后,我们非常开心。"

李安认为,西方观众可能会忽略影片的另外一个层面:其中的政治隐喻。因为新郎来自中国台湾,新娘来自中国大陆,而婚礼,尽管新郎的父母被蒙在鼓里,是假的,又发生在纽约,这种设定可以有多种解读。"我不是故意这么设计的,但最终就变成了这样。当然,这个想法出现时,我就意识到了这一点,我认为非常合适……这里的观众觉得母亲试图让新娘不要哭的片段好笑,对父亲的话却没什么反应。另一方面,台北的观众不觉得婚姻登记处的场景有趣,因为他们对纽约市婚姻登记处的语言不敏感。"

尽管影片似乎有适合所有观众的内容,并且总体上得到了积极的反馈,但片中同性恋伴侣的雅皮士生活方式在中国和美国都遭到了批评。"我已经尽力做到极致了,"李安争辩道,"如果再突破极限,影片就不会被接受。此前中国台湾只有一部同性恋电影,具体关注的是新公

---

① 这并非成片最后的场景。

园附近的男同性恋群体,那里十分阴暗肮脏。影片中没有男性和男性接吻,他们避开了身体接触。影片表现非常糟糕,被视为一部失败的作品。但《喜宴》是不同的,因为是通过日常生活表现两人的关系,异性恋也可以接受影片的设定。我相当确定,男性和男性接吻的画面是首次出现在台湾地区的大银幕上。这是影片的独特之处,却被想当然地忽视了。"

据李安说,尽管遭到批评,但《喜宴》的票房成功让人们想要制作更多电影,用新手法表现老情节剧的传统,并以此吸引大量观众。在过去几年中,台湾电影行业受到香港动作电影的冲击而萎缩,以致"想拍一部电影,却找不到称职的团队,因为所有人都去拍商业片了。找不到合格的演员——只有歌手或者电视剧演员"。

不过,旅居美国多年之后,李安的下一部影片将会完全在中国拍摄。他的新作名为《饮食男女》,"是一个名厨父亲和他的三个未婚女儿住在一起的故事。它有很多条故事线,是一部以与欲望斗争为主题的喜剧"。希望这部影片像《喜宴》一样给我们带来惊喜。

"The New Face of Taiwanese Cinema: An Interview with Ang Lee, Director of *The Wedding Banquet*" by Chris Berry from *Metro* magazine, no. 96 (Summer 1993 - 1994). This article was first published in *Metro* magazine, http://www.metromagazine.com.au/index.html.

李安重返故乡拍摄《饮食男女》

史蒂文·雷/1994 年

在《饮食男女》片头字幕前的四分钟精彩片段中,观众看到了精湛厨艺的华丽展示:奇特的蔬菜被迅速改刀,海鲈鱼被精细处理,还有一锅热滚滚的莲花汤①。这是李安在《喜宴》——一部获奥斯卡金像奖提名的热门艺术电影——之后参与编剧并导演的新作,为拍摄这些画面,他请来了三位台湾名厨。影片总共涉及一百多道菜式,讲述了三位已经成年的女儿和她们鳏居的父亲的关系,这位父亲恰好是台湾最著名的大厨。

---

① 应该是一锅鸡汤。

开头的四分钟片段?"拍摄用了八天,"李安回忆道,"每天都拍很长时间。从制作的角度看,食物比任何演员都难拍。挑战是如何既不拍成食品广告,又展现食物最好的一面。为了拍到食物的准备过程和热腾腾地上桌的样子,我们必须想全新的照明方式。我们拍了一遍又一遍。

"因为如果看起来不精致,就不如不拍。"

《饮食男女》是被李安戏谑地称为"父亲三部曲"的最后一部。影片以温馨幽默的笔调讲述了家庭和代际矛盾(以及食物和性在我们的生活中扮演的重要角色)。在三部曲的前两部作品中,郎雄也饰演家族男族长——"中国传统的象征"。

在李安的第一部长片——1991年的《推手》中,这位资深演员饰演一位太极大师,他和他的美国儿媳一起住在纽约市郊,心情日渐低落。在《喜宴》中,郎雄饰演一位退休将军,他来到美国,发现自己的儿子精心策划了一场婚姻骗局。

"面对现代世界,面对家庭的改变时,他困惑挣扎的样子极具象征意义。"李安说,"但直到拍摄第三部影片,

李安重返故乡拍摄《饮食男女》

我才意识到这个角色是为郎雄量身定制的,我以前没有这么做过。我没有为某个特定的演员写过角色。"自1978年起,李安就住在美国,他当时在伊利诺伊大学攻读戏剧。这是他首次回到故乡,从头到尾拍摄一部影片。与跨文化的《推手》和《喜宴》不同,《饮食男女》的故事完全发生在中国台湾地区。

"这是我的归乡电影,"李安说道,"因为是在故乡拍摄,而且工作哲学不同——导演需要花费十倍的精力——所以压力很大。

"在台湾,导演是绝对主角。在这里,统筹制作的是制作人,导演基本上只要做艺术方面的决定……在台湾,一切都是导演负责、发起。无论什么事情,大家都会指望导演。坦白说,我做起来很吃力。"

去年,《喜宴》(制作成本为一百万美元,收入三千万美元)实现票房、评论双丰收之后,李安收到的剧本越来越多。"有一部是关于一个黑帮成员的,很多都是'暖心的'家庭喜剧。"李安说,不过目前还没有剧本引起他的兴趣。李安在开始新项目之前会"先放松一阵"。"我不想拍摄流行一时但迅速过气的作品。"

李安访谈录

"Ang Lee Returned to His Native Taiwan to Make *Eat Drink Man Woman*" by Steven Rea from Knight Ridder/Tribune News Service, August 19, 1994.

《饮食男女》：视觉盛宴

布鲁克·科默/1995 年

"我一直想拍一部有关食物的电影，"导演李安说道，"我想让观众垂涎欲滴。"李安之前的作品《喜宴》中有精美的宴席，但并未满足他对拍摄一部彻头彻尾的美食电影的渴望。《喜宴》让好莱坞端坐并细嗅馄饨的香味。这部耗资仅一百万美元的影片，获奥斯卡金像奖"最佳外语片"提名，在世界各地的总收入达两千三百六十万美元。这部影片的成功让李安得以用固定预算在《饮食男女》中讲述更多的故事。

故事从朱家的厨房开始，大部分情节都发生在这里。老朱——台湾最优秀的厨师——遇到了麻烦。食物是他的生命,而他在逐渐失去曾经敏锐的味觉。他独自抚养的三个女儿都成年了,她们仍十分叛逆,还住在家里。烹饪艺术在台湾日渐式微。老朱十分沮丧。他只有在厨房为女儿们准备精美的菜式时,才能得到短暂的治愈。

大女儿家珍担心自己会变成老处女。她的工作和基督教信仰是其热情之所在。年纪最小的家宁安慰她好友心碎的男友时安慰得过了头。家倩,一位志向远大的航空公司经理,是唯一喜欢做饭且目前有性伴侣的女儿。"我开始思考家庭,以及我们如何交流。"导演表示,"有时候孩子最需要听的正是家长最难说出口的,反之亦然。一旦发生这种情况,我们就求助于老规矩。"

在这个阶段,周日晚餐是朱家唯一的交流时间。"老朱只知道如何满足她们的基本需求之一——吃饭。"李安说,"他做最精致、最复杂的菜肴,但他的女儿们几乎吃不下那些食物——她们的父亲唯一能给她们的东西。"在整部影片中,食物是爱的象征。

"拍摄食物非常花时间,"李安指出,"我希望拍摄出能够让观众垂涎欲滴的诱人画面,这很有难度。不能仅仅通过拍摄漂亮的食物诱惑观众。你要让观众产生期待；必须拍摄制作食物的过程。必须展现整个烹饪的过程。看电影时，观众闻不到也吃不到电影中的食物，只能看到食物。所以看到的画面变得非常关键。你是用食物刺激观众的感官。"

三位世界级的大厨参与了拍摄，包括中国顶尖烹饪专家傅培梅的儿媳——美食顾问林慧懿。林慧懿教演员们如何处理食物，剧组为了模仿传统厨师的动作，还进行了特别的编排。为了一个八秒钟的片段，他们得准备十几道热气腾腾、闪闪发亮的菜品。"如果要冒热气的话，拍一个花生酱果酱三明治可能需要两个小时。"李安感慨道，"想象一下拍麒麟鱼、南瓜盅蒸鹿肉和莲花汤。"

家倩片豆腐给男朋友包饺子的镜头拍了六个小时。为了拍摄她做薄饼的片段，剧组请了两位厨师带着三位助手做薄饼。"一位男厨师把面团扔到饼铛上，"李安回忆道，"但他不能做家倩的手替，所以现场还要有一位女厨师，一位薄饼专家。"在那个片段中，薄饼只是十道菜构成的一顿大餐中很小的一部分。剧组为出现在摄影机前的每道菜都准备了额外的五份备用。

李安投身影坛之前有一些做饭的经历。他生于中国,在美国学习电影。儿时最早接触的影片是好莱坞电影和中国台湾地区的情节剧。"我儿时对电影非常热衷。"他回忆道,"我喜欢神经喜剧,喜欢比利·怀尔德、意大利新现实主义、费里尼早期的作品,以及德西卡和伯格曼的作品。"

李安在纽约大学获艺术硕士学位,在纽约大学电影节获得了"最佳导演"和"最佳电影"的奖项。他打包行李准备返回中国时,有一个看过他作品的经纪人给他打电话,劝他留下。"我花了六年时间写剧本、推介项目,并学习学校里没有教的基本剧本结构。"磨炼电影制作技巧的同时,李安在家做饭,他的妻子在外工作。"从制作角度看,"这位导演表示,"食物是我遇上的最难合作的演员。"

李安为他的电影《推手》寻找制作人时,一家名为好机器的制作公司正在寻找已经凭借短片崭露锋芒但尚未制作长片的电影人。公司的两位负责人詹姆斯·夏慕斯和泰德·霍珀喜欢李安的作品,并计划与其签订合作协议。但李安动作更快,抢先一步给他们打了电话。如今,好机器已是一家著名的重要独立电影公司。"一开始,没有钱是我们的优势。"夏慕斯说,"我们靠联合制作和提供服务的费用维持公司的运作。我们有意避开广告和音乐录影带。我们选择项目时非常谨慎。"

好机器制作公司和李安的关系一直十分稳固。"我们和所有电影人合作，"夏慕斯说，"几乎都是与之共同完成首作，然后长期合作。真正的原因是，在低成本的世界，编剧兼导演是市场营销的关键人物。"他还说，摄影师也常常和某位导演长期合作。"合作期间，双方往往都可以提升自己的技能。"

夏慕斯既不是导演也不是摄影师，他与李安、王蕙玲共同创作了《喜宴》和《饮食男女》的剧本，由此提升了自己的合作技能。李安称夏慕斯为"世界上最好的剧本医生之一"。李安与他的摄影师也有共同的经历。林良忠拍摄了导演之前的《喜宴》和《推手》两部作品，也曾与其他导演合作，担任过入围东京国际电影节的影片《幻影》的摄影师。

描述在纽约大学和林良忠的相遇时，李安露出了微笑。"良忠不想和电影扯上任何关系。他愿意做任何其他事情。他来自一个一天到晚都在谈论电影的电影世家。他受够电影了，一点也不想拍电影。"

林良忠认可这种说法。"在纽约大学上学期间,我没想到自己后来会成为一名摄影师。"可能是因为他觉得自己达不到他人的期望。林良忠的父亲是中国电影黄金年代的一名顶尖摄影师①,曾四次获得金马奖(相当于中国台湾地区的奥斯卡金像奖),现在是中国台湾地区唯一拥有私人电影制片厂金刚电影(Cine Kong)及全功能的出租影棚的摄影师。

林良忠的父亲二十多年前还设计过一个迷你星涅马斯科普宽银幕技术②变焦镜头。"当时,"林良忠解释道,"有些大品牌的变焦镜头太贵了,所以我父亲就自己做了一个。"为了拍摄特效,林良忠的父亲设计了一个可以实现米切尔摄影机拍摄效果的光学印片机③。

十三岁起,林良忠暑假就在剧组帮父亲拿电池。他

---

① 著名摄影师林赞庭。
② 星涅马斯科普(Cinemascope),在拍摄过程中压缩图像使之适合胶片的框架,在投射过程中通过变形投影镜头解压缩图像,显示成拍摄比例的技术。
③ 米切尔摄影机采用双钢抓钩传送胶片,外加双钢定位针,可以在拍摄中来回曝光,曾是制作各种画面特效不可或缺的工具。林良忠曾提到父亲为了帮助导演实现分割画面的效果,用一台报废的米切尔摄影机的机芯自制35毫米光学印片机。

《饮食男女》：视觉盛宴

在台湾淡江大学学习法国文学，随后服兵役，然后进入纽约大学电影学院。"就连那时，我都不认为摄影会成为我的事业，直到有很多同学请我拍他们的电影。"他承认，他扎实的技术背景和早期得到的训练是加分项。"我很幸运，"林良忠说，"此后一直能稳定地接到工作。"

"良忠在摄影方面有很强的判断力，"李安解释道，"但他不会让灯光或者某种视觉效果喧宾夺主。看他拍的电影不会感叹，'哇，摄影很棒'，然后忘掉故事。他知道如何突出人物。"李安一般会把剧本中的所有场景和林良忠一一过一遍，告诉后者他想要什么样的氛围和情绪。"然后就都是他做主。大多数时候，我都同意他的决定。"

两人开发了一种时不时会提到电影史上的其他作品的简略交流方式。"如果我们偶尔把摄影机抬高，交切另一个角度的镜头，我会对良忠说：'啊哈！伯格曼忏悔角度！'朱家小女儿在快餐店打工的片段中，她因为抢了好友的男友而感到愧疚。我们从上方打光来制造某种阴影。我们称这种光为'伯格曼愧疚光'。我们一边拍，一边创造自己的术语。"

李安的叙事天分让他始终注重人物，以及情节的推进，而不是拍出华丽的画面。"从香港到好莱坞，很多电影出现了所谓的出色摄影成为主角的倾向。但我总是重视故事，有时这对良忠不是很公平。"李安表示，"他的摄影没有存在感。我希望观众忘掉摄影。当然，我希望影片拥有好的画面质量。但是和我合作，良忠可能不太有机会得金马奖'最佳摄影'奖。"

拍摄期间，剧组无法看每天拍摄的素材（dailies），拍摄结束时，他们只看到了约三分之一的样片。"良忠和我讨论，"李安说道，"我们选择把胶片送去杜艺术（DuArt）处理，因为那是一家非常出色的洗印厂，在台北做不了那么好。"将洗好的胶片再寄回的费用太高了。因此，选中的工作拷贝被转录到磁带上寄回台北。李安和林良忠的样片仅限于磁带上的素材，拍摄结束很久之后才会送到他们手上。

"制作期间，很多时候我们都只能靠猜。"李安承认，"这很难，尤其是食物带来的额外的不确定性。看到样片之前，一切都是不确定的。"李安把与食物相关的场景留到最后拍摄："所以我完全不知道拍成什么样了。拍摄结束两个月之后，我才看到样片。幸运的是，没什么问题。"但他承认,如果影片的预算更高,"我会要求洗印厂将样片寄回"。

影片开头朱家厨房的食物片段,林良忠用一种很厚的柔光布(grid cloth)制作了一个柔光盒。"我用5K锔灯①透过柔光布照射,有时也混一些更强烈的光线——如果食物的颜色比较深。"他解释道。为拍摄餐厅的场景,他在餐桌上使用了同样的方法,这一次在柔光布之后用了路威灯②。

带旋臂的潘瑟移动车(Panther dolly)让林良忠可以在整个片段的拍摄期间在厨房中移动摄影机。"我们试图模拟在星球间穿行的感觉。"他解释道,"我操作带斯坦尼康稳定器(Steadicam)的阿莱III摄影机(Arri III)和9.8毫米的超广角镜头。为拍摄忙乱的场面,如圆山大饭店的后厨和在朱家打起来的场面,我用手持摄影机,并从不同角度为主镜头拍摄覆盖镜头③。因为后面可以很好地

---

① 锔灯(HMI),影视拍摄中常用灯具,是稳定输出强烈光源的重要灯具。
② 路威(Lowel),灯具品牌。
③ 覆盖镜头(coverage)是相对于主镜头而言的。电影拍摄过程中,先用主镜头拍摄,然后根据情况,从不同于主镜头的角度把某些内容再拍一遍。

剪在一起,手持镜头可以临场发挥,只要不跳轴①就可以。"

电影中最典雅的取景地,无疑是被誉为全球最奢华的酒店之一,并拥有中国台湾地区最大厨房的圆山大饭店。影片中的婚宴场面不是表演出来的;李安成功拍摄了一场真实婚宴的准备过程。"剧组很幸运获准拍摄了一个作为过渡镜头的广角镜头,拍到了厨房里忙乱的场景。"林良忠说,"晚上,摄影组必须非常高效,两小时内完成拍摄。"为了达到严格的要求,林良忠用最简单的照明和一台阿莱 III 摄影机。"那场宴会是一个富豪家庭的正常宴请,"林良忠解释道,"有一百二十桌以上,每桌十二人。"他还说,剧组很幸运地拍到了一些客串镜头……

实景让《饮食男女》显得更加真实。大多数重要场景发生在朱家,尤其是厨房里。李安选择了前市长的住房,是一座按照日本传统建造、有五十年历史的宏伟的老房子。这座房屋已经荒废,这反而是一件好事;需要对其进

---

① 轴是两个画面主体在场景中的假想连接线。如果摄影机越过轴线,画面上的物体就会发生一百八十度的反转。

行一些修缮,但也意味着李安可以重建内饰。"为了场面调度并制造开阔的感觉,我希望客厅没有墙壁,这样就能更好地看到人物。"他用玻璃门把厨房隔开,制造景深,保留了窗户。"大的日式窗户赋予了画面很好的暗部深度。"李安说道。

学校的两个片段都是在真实的学校中拍摄的。朱家大女儿是一位高中老师,好几个片段记录了她和一位排球教练之间萌发的爱情。李安选择的学校"很支持剧组的工作",他回忆道。"我们在那里拍摄了一周。身边有电影剧组让大家都感到十分兴奋。我们请学生担任群演。"在另外一个片段中,老朱开始为邻居家的小女孩准备带去学校的午餐。珊珊的饭盒一下子让全班同学都很羡慕,她开始收集同学们的要求,然后转给大厨老朱。李安选择了饰演珊珊的女孩唐语谦现实中上学的学校,她现实中的同学在影片中本色出演。"这在纽约是不可能的。"李安表示。

据导演所说,在中国拍摄和在美国拍摄从手续与技术角度看都有所不同。"中国的工作方式不同。"他说道,"在美国,制作人统管制作。导演会询问制作人的需求。

艺术上的决定是这样做出的。在中国台湾地区,导演权力更大。组织不那么高效,但更加团结。时间方面的压力也没有那么大。"

在台湾,摄影师的角色也不同。"主灯光师负责很多照明工作,"李安解释道,"你告诉主灯光师想要什么样的氛围,他来执行。他站在摄影机边上,和助手一起工作。在台湾,灯光师很有经验。遇到已经干了四十年的灯光师也不奇怪。摄影团队也更有经验。"

剧组的混音师汤姆·保罗也遇到了自己的困难。为了设好麦克风,他需要很多 C 型架①和旗去除长杆麦克风的阴影。但剧组只能把胶带与黑色的硬纸板贴在天花板和墙上消除阴影。比如,拍摄家倩在厨房给男朋友做饭的场景时,尽管厨房很小,李安还是希望女演员走来走去。"这对汤姆来说很难,"李安说,"需要大量使用长杆麦克风,所以灯光师李清福花了很多时间把一块一块的黑色硬纸板安装在天花板上,帮助汤姆操作麦克风。然

---

① C 型架(C-stand,全称 Century stand),也称"魔术腿脚架",指影视拍摄过程中,用于在光源前悬挂旗、柔光布等调整光效的工具的架子。

后我们开始拍。但那个镜次拍到一半,硬纸板一片一片从天花板上掉下来了。我们都大笑起来。"

冒着热气的菜必须在完美色泽变化之前拍摄,但是李安说总体上"没出什么大问题。事实上,尽管条件有限,而且我们无法及时观看每天拍摄的素材,但食物镜头的效果特别好"。

当迈克尔·唐被片中美食诱惑到时,李安就知道这部影片成功了。唐是纽约的顺利餐厅(Shun Lee restaurant)的老板,他把电影中的好几道大菜(包括上海菜、湖南菜和北京菜)都加入了他餐厅的菜单。影迷们可以点"黄海游龙"(龙虾和猕猴桃片,准备时间为六小时),或"叫花鸡"(包在泥土里烤的鸡),或"凝湖玉虾"(虾和蒸蛋)。唐的餐厅的菜式曾被多家杂志拍摄。他说道:"把食物拍好很难。必须趁热才有光泽。十分钟之后,光泽就消失了,食物在视觉上就不再吸引人了。"他认为李安拍得很好。"这部影片会让人产生饥饿感。"他预测道。

影片还遇到一个小问题,有一盘录制了影片素材的磁带被海关官员扣留,无法离开美国。海关担心影片满足的是人另一方面的欲望。"影片的标题让他们以为这是一部色情电影，"李安说道，"磁带被扣留了一周，当时我非常生气。但现在我想到这件事就觉得好笑。"

"*Eat Drink Man Woman*: A Feast for the Eyes" by Brooke Comer from *American Cinematographer* 76, no. 1 (January 1995).

派头和诱惑

格雷厄姆·富勒/1996 年

对于《理智与情感》的导演李安来说,拍摄其第一部好莱坞投资的作品可能要经历一系列重大考验。其中颇为艰巨的一项挑战是和一群英国演员合作,出演该片的演员包括艾玛·汤普森(她还创作了影片的剧本)、近期刚刚封神的休·格兰特、演员中的演员艾伦·瑞克曼,以及稚嫩的新人凯特·温丝莱特、格雷·怀斯。李安有和资深演员合作的经历,他在此前的作品中和演员郎雄合作。但是在中国台湾地区的影坛,导演就是上帝,演员不得有任何异议。所有人(包括他自己)都说,尽管他没有采取外柔内刚的策略,但谁是老大是毫无疑问的。

格雷厄姆·富勒（以下简称富勒）：这是你和西方演员的第一次正式合作。你对拍摄开始之后的情况的最初印象是什么？

李安：《理智与情感》刚开始拍摄那几天，我确实遇到了困难，主要是演员方面，演员们都认为他们要主宰影片。这和台湾是相反的，在台湾是影片主宰演员。不过一段时间之后，我们不再谈判，而是开始欣赏彼此的做法，寻找最有利于影片的共识。我发现我的工作是激发每一位演员的最佳状态，将他们不同的风格融入一部电影。确切地说，我的工作是让表演不要过于抢眼。

富勒：你具体是怎么做的？

李安：拍摄时，我关注的都是现实的、技术上的问题。我不会有太多想法。我知道和我合作的都是非常优秀的男女演员，所以排练时，我们没有真的在排练，而是在讨论人物关系——一说就是好几天。一旦走位确定，就交给演员了。但我不会让他们想太多。我不让他们看样片，这样他们也就不会感到不自在。

富勒：你和凯特·温丝莱特是如何合作的？她演戏经验不足。

李安：凯特不是一位技艺娴熟的演员。我看过她在《罪孽天使》(*Heavenly Creatures*, 1994)中的表演。我告诉自己："她可以演玛丽安。如果不表现出她优雅的一面，让她出演这个角色可能会是一场悲剧或灾难；让她说简·奥斯汀原著的台词可能是一种折磨。"我选中她的时候，她刚满十九岁。她是一位大胆、未经雕琢的天才演员，什么都可以演，但很难控制。除了既是编剧又是演员的艾玛，演员中我花在凯特身上的时间可能是最多的。

在很多场景中，凯特要和艾玛演对手戏。这是我遇到的最大的困难之一。艾玛非常优秀，但她会让凯特相形见绌。在一部有关理智与情感的影片中，这一点让我十分紧张。年轻演员不知道如何集中注意力，一旦用力过猛，就会削弱表演能力，有可能看起来很荒诞。所以我和凯特做了很多内呼吸(internal breathing)与声音练习，还有一些气的放松练习，帮助她减压并去除小习惯。我不是英语口语方面的专家，所以这方面凯特会和艾玛一起讨论。她们也会像姐妹一样相处。

然后我们让凯特读哥特小说。这可能会让她用力过猛,但我们希望尽量利用这一点。我的秘诀是让这显得好笑,不过凯特必须从头到尾都显得真诚,哪怕是在愚蠢的哥特氛围中。除了摸索如何给凯特打光,我花了好几周拍摄和看样片,才找到如何在银幕上表现玛丽安的秘诀。凯特习惯皱眉、笑得过于灿烂,以及收下巴。我告诉她,她有这些习惯性动作。这对她很有用,我想她一生都会记得。

导演的指示必须非常简单,否则会让演员感到困惑。我们商量好怎么做,很快就要开始拍摄的时候,我会给凯特指示。我们会拍一个镜次,然后再快速拍一个:我不会给她太多时间。其他演员都非常老练,这种方式对于他们来说是荒谬的。我偶尔这么做的时候,他们会有点不舒服。但凯特不同,她什么都愿意尝试。

富勒:鉴于艾玛·汤普森花了五年时间创作这部影片的剧本,她应该比任何人都要了解她出演的角色埃丽诺·达什伍德。你是如何让她演出你想要的效果的?

李安：艾玛的两个身份是相互矛盾的：我们一般不允许编剧到片场来，因为他们很可能会生气。和她打交道涉及两个不同的方面。还好她改写剧本期间，我进行了近六个月的前期制作，不然我会觉得我从她手中生生地抢走了她的孩子。这个项目是她和林赛的孩子；我感觉自己像它的继父。作为导演，作为一个外国人，我对其内容十分陌生。我通过改写及制作设计了解这个项目，也让艾玛参与构思的过程。和作为编剧的她打交道时，我觉得为了保证影片的效果，我无法时刻顾虑她的自尊。我认为她认可我的想法，另外，我从她的表演和她对文字的解读中学到了很多。

艾玛的实际年龄比埃丽诺大很多。最重大的任务是让她显得年轻。我想方设法让她放松——让她像凯特一样做练习。她也努力控制她的声音，不用低于某个音区的声音说话。艾玛对形体表演的态度很开明，她喜欢全身镜头、从背后拍的镜头和长镜头。为了塑造埃丽诺的形象，我会告诉她每个镜头如何取景；这是我第一次这样和演员合作。我会拍摄艾玛慢慢转过身来，侧身，然后再拍特写；拍摄凯特时则采用相反的顺序，从正面到侧面再到背面。这是为了表现她们性格的转变。埃丽诺越来越浪漫,玛丽安则越来越理性。随着故事的发展,她们的位置也逐渐变化。克利夫兰的片段是全片的高潮,全片最具电影感的一段。玛丽安上山,布兰登把她带回病床。我建造了病床的布景,从上方拍;那是最能体现"理智与情感"的主题的一个镜头。绝望的埃丽诺意识到玛丽安是她的灵魂伴侣;如果玛丽安死去,她也无法独活。我让艾玛演出纯粹的恐惧,不要有其他任何情感。她演得特别好。

富勒:艾伦·瑞克曼有一种浪漫传奇的侠气,这正是他饰演的人物布兰登上校所缺乏的。你是如何让他如此低调地表演的?

李安:我尊重艾伦的英式表演风格——擅长演说的那种。他能把电话号码簿念得有趣。但这样并不能演好布兰登,在原著中,他乏味,且在爱情方面是个失败者。你会感觉玛丽安因为得不到韦勒比,所以退而求其次;我不希望电影观众这么想。艾玛说布兰登是最难改编的人物,但我认为这是因为她赋予了他男子气概,让他成为一个可靠的人,不仅关心自己,也照顾他人。她没有突出表现他毫无魅力且年纪很大,相反,她着重表现了他悲惨的过去,这会让观众觉得,他做玛丽安的爱人是可以接受的。不过,艾伦还是需要"收着演"。他这么做之后,我又说要"再多一点"。这自然让他感到迷惑。我的意思是让他再收一点。

富勒:他想要演得更抢眼吗?

李安:他想要更浪漫。他眼中的布兰登比原著中更浪漫。但我认为他浪漫的一面在内心,外表看不出来。一表现出来,我们就把它隐藏起来。但是和艾伦初步交流之后,我就让他自由发挥了,他是唯一可以这么做的演员。我很欣赏他的表演。其他演员更吃力一些。

富勒:你选了格雷·怀斯饰演极富诱惑力的韦勒比,他很张扬。不过你是否也要求他"收着演"?

李安:是的。为韦勒比选演员的时候,我希望此人能够演出强健的拜伦的感觉,但不会像詹姆斯·迪恩那样让人觉得危险。格雷读剧本时的表现非常精彩,他像原著中的韦勒比一样带了花，表现出了他对这个角色的渴望。他不是非常有名，但他的表演让我们都印象深刻。他是个令人愉快的人，擅长运动，能够操控韦勒比的科拉科尔小艇，那可十分危险。他的问题在于能力还不够，在这么多实力演员中，他必须是全片最具魅力的人物。年轻演员很容易缺乏安全感，然后用力过猛；表演会显得自鸣得意，在不该好笑的时候引人发笑。我反复对格雷说："你很有魅力，不要用力演。其他人会把情节撑起来的。"我总是对他说他很棒。有时候，我对他很残酷，就像我对年轻的中国演员一样。他有时候演得不好，我会说，不要这样，不要那样。和凯特一样，他听得进去，因为他很年轻。

富勒：爱德华·费华士由准一线巨星休·格兰特饰演。你和他是如何合作的？

李安：开始几天，我和他合作不是很顺利，因为他有明星的派头。他想做的一些事情我认为不妥当。最终我们达成了共识。我意识到，我必须让他做他最擅长的事情以拯救这个人物。书中的爱德华是胆怯而懦弱的，但电影中，我们需要一个出现十五分钟，在随后的八十页剧本中彻底消失,在最后一段中再次出现时大放异彩、让人心碎的人物。这只有非常优秀的演员才能做到。

爱德华为数不多的可取之处是他的冷幽默:他用这种幽默感,以一种近乎英雄主义的方式反叛社会。我认为在加里·格兰特之后,几乎没有人能像休一样演得这么好。所以我需要退一步,让他去发挥。同时,他也需要退一步,在部分严肃的时刻控制好度。他很配合。

富勒:他是不是想演得更加跌跌撞撞、笨嘴拙舌?

李安:是的。有时候,我没法接受他对台词繁复的处理,所以我会模仿他。这让他感到很受伤,但我们逐渐习惯了彼此。我和他交流时所说的话可能是最直接的。我直言不讳,只有这样,我才确定我准确地传达了我想要的效果。和其他演员交流时,我会用很多委婉的不伤人的方式。我和休的工作关系最终变得十分理想,可能是我与演员最为愉快的合作。

"Schtick and Seduction" by Graham Fuller from *Sight and Sound* 6, no. 3 (March 1996): 24.

聚焦李安

奥伦·莫夫曼/1997年

有些导演用技艺娴熟的、酷的、新潮的作品令我们叹为观止。李安的作品并不具备这些特质,却展现了一位优秀叙事者的智慧。

在好莱坞商业制片和独立电影转瞬即逝的热潮之间周期性出现的空隙中,李安是顶尖人物。这位出生于中国、毕业于纽约大学的导演安静,温和,但不失威严。他通过关注商业电影和独立电影同时忽略的元素——人,与世界各地的观众建立了情感联系。在《推手》《喜宴》《饮食男女》和《理智与情感》中,李安自如地在三大洲、两百年间穿行,作为作品总能娱乐观众的一名敏锐的文化观察者,不断成长、进化。有人以此为理由批评他缺乏电影作者(auteur)的视野。评论家无法将他归类为审美家,他逐渐被称为"演员导演"(actor's director)——这一称号被用来安慰未能用某种独特视觉风格打动观众的热门导演。然而,他的人文主义超越了这些质疑。

在他强有力的新片《冰风暴》中,李安再次展现了他跨越文化界限的能力。影片改编自里克·穆迪1994年出版的小说,是水门事件年代的一部时代剧,讲述了美国康涅狄格州新迦南两个经济富裕、关系冷淡的家庭的故事,他们被那个年代随机乱窜的变革之风裹挟,陷入了情感和精神的麻木状态。影片以一场怪异的天气灾害为背景,用风格化的纪实手法讲述了一系列事件。这些事件最终导致了影片悲剧的结局,但奇怪的是,这一结局让人的情感得到了宣泄。华丽的演员阵容包括凯文·克莱恩、西格妮·韦弗、琼·艾伦、克里斯蒂娜·里奇、伊利亚·伍德、托比·马奎尔和亚当·汉拜德。不过,《冰风暴》真正的明星是其低调的导演,他仍旧相信观众的感受力。

奥伦·莫夫曼（以下简称莫夫曼）：《理智与情感》之后，你成了因拒绝拘泥于某个地点或时代而著称的导演。你主要的兴趣是人。《冰风暴》中20世纪70年代的美国市郊居民对你有什么样的吸引力？

李安：我可以确定地告诉你，这不是我的个人兴趣。70年代我在中国，通过读书对美国的郊区生活和60年代末的性解放运动有所了解。但只是很模糊的认识。詹姆斯（夏慕斯，《冰风暴》的联合制作人和编剧）让我读这部小说。读了二百一十页之后，我看到了改编电影的可能性。当时，我读到的是父亲本·胡德（在影片中由凯文·克莱恩饰演）发现邻居家儿子的尸体那一段。那一段对我冲击很大，它几乎像一部希腊悲剧。我不停地问自己：那个孩子为什么一定要死？这不是合理的报应。

莫夫曼：你从中看到了希腊悲剧的元素，这很有意思。因为小说和詹姆斯·夏慕斯的改编都有非常现代的喜剧特质。

李安：是的，故事的主题是尴尬，以及一个孩子的苦恼。我是拍家庭剧的导演。关于片中的家庭和家庭的多种形式，可能有无数负面的评论。但影片的叙事者，也就是大儿子保罗，看到他家在冰风暴后瓦解的情节是很有感染力、很动人的。所以我被这个项目吸引，决意参与。那个年代有着某种纯真，父母比孩子更像青少年。故事中还有视觉隐喻——一场冰风暴——改变了他们的生活。影片讲述的不是自然灾害，而是与特定时间和地点关系紧密的人性灾难。不过，无论是什么种族、文化和时间，人类内心的基本渴望和需求是相通的。所以像我这样的人可以拍摄这种电影。

莫夫曼：这是你第一部仅表现美国文化的影片。但你和美国的缘分1978年就开始了，是吗？

李安：我来这里学习电影。当时，我故乡的大部分人都会这么做——来美国接受高等教育。如果你有某所美国名校的博士学位或硕士学位，回中国后就会过上更好的生活。（笑。）我没想到中国电影人可以在这里拍电影，但一位经纪人说服我留了下来。他很有说服力。《冰风暴》是一部美国电影，但其中的美国和我小时候看美国电影时想象的美国是不同的。

莫夫曼：这更接近现实，因为相对于好莱坞电影中的英雄，这部影片中的主人公是反英雄。影片中的人物非常无聊、迷茫，虚假的解放令他们困惑。你觉得他们的生活中到底缺失了什么，以至自然现象会搅起这般混乱？

李安：我希望我知道答案。这些人物不快乐，对彼此不信任，需求得不到满足，这背后有很多原因。很难指出具体是什么。我认为有很多过去的原因，也与未来的未知相关。这些人的生活涉及大众心理学、时尚、聚酯纤维服装、开放婚姻的概念、解放、欲望、满足——但他们要何去何从？我不知道。多么令人迷茫啊！我无法解释人物的行为。但在我看来，这就是人生的本质。

莫夫曼：相较于美国人，你作为外国人，是否更容易理解自然和故事中精神麻木的人物之间的矛盾？

李安：相较于在这里长大、在个人层面与这个故事有联系的人，我一开始可能看得更清楚。当然，我的劣势是对神韵的理解。我必须补课。但我认为，这部电影对自然的解读是很东方的。对我来说，自然是一股活跃的力量,是必须敬畏的。这与我的成长环境有关,很可能不同于美国的观念。不过说实话,我再也无法判断我身上哪些东西来自美国、哪些东西来自东方了。我在这里住了很久,我的故乡受美国影响也很深。当然,作为外国人执导英语电影,我不太懂,所以必须更多地去猜测。但那些猜测也可能更准确、更客观,因为我不得不去做大量的观察,我对人物也很同情——执导电影时与人物共情是一件好事。

莫夫曼:你为何以家庭结构作为你所有电影的基础?

李安:在我看来,家庭关系是非常坚固的。它赋予人信仰,让人抵抗无聊,抵抗对毁灭的欲望。人一般需要某种约束——社会、家庭、国家、宗教的约束。但这可能变得非常复杂。

莫夫曼:你总是在作品中检视父亲的角色。事实上,你曾戏谑地将你的前三部作品称为"父亲三部曲"。在《理智与情感》中,引发故事的正是父亲的缺失。在《冰风暴》中,我们看到了终极美国父亲式人物——尼克松总统深陷丑闻,一切都陷入混乱。凯文·克莱恩饰演的本是我们身边遭遇危机的父亲。你为何经常运用父亲的主题?这与你的个人经历相关吗?

李安:因为中国传统社会是父权社会,我总是认为父亲有高于家长的寓意,父亲是传统体系的象征。我的前三部作品取材于我的父亲。

莫夫曼:能否介绍一下你的父亲?

李安:我父亲是他家中唯一离开的。他来到台湾,和我的母亲结婚,然后生了我。他是我上的高中——台湾最好的高中之一——的校长。上学时是校长的儿子,这总是令人十分尴尬!而且我是长子,所以总觉得自己必须撑起一切。我家里没有人喜欢艺术和创作,更不要提娱乐行业了。父亲代表的一切——家庭责任——让人难以呼吸,难以面对真我。

莫夫曼:你的父亲想让你做什么?

李安:我猜除了导演做什么都可以。他希望我教书,但我坚持要上电影学院。如果我没有拍《喜宴》并且获奖,他应该会觉得我很丢脸。

在《冰风暴》中探讨父亲,这对我而言很重要,因为和我其他作品中的父亲相比,本随时间推移发生了更多改变。父亲是锚,影片的故事是围绕他展开的。但这一次,人物的原型是我自己。

莫夫曼:你自己?

李安:我自己。我对做父亲的恐惧。

莫夫曼:能否具体说说?

李安:我有两个孩子,分别是十三岁和七岁。我自己做父亲的体验和我对我父亲的认知是不同的。如今不是成年人生孩子——是孩子让父母成为成年人。你必须注意自己的行为,孩子会以你为榜样,你必须努力不辜负孩子的期望,做一个好人。孩子会让你更成熟,但没有人能事先准备好做孩子的榜样,教孩子应该怎么做,满足他们的愿望。你总是担心自己不够好,所以只能伪装。这很像执导一部电影:你有一些想法,但作为父亲和导演,你很多时候需要表演。(笑。)你想对孩子诚实,但无法完全做到。事情会像电影《大话王》(Liar Liar)中一样变得一片混乱。但作为家长,你必须保持秩序,不能像《冰风暴》中的父母那样固执地冲向未知。

莫夫曼:你似乎理解你影片中的人物,或者说至少理解他们的问题。但我认为,你的处理手法中最值得称道的是,你不对他们做任何评判。

李安:人做事情都有理由,评判他们不是导演的工作,要留给观众去评判。演员应该激发思考和情感——这才是电影应该做的,而不是告诉观众应该怎么想。

莫夫曼:你似乎能让演员放松又自在的同时保持专注。我们已经习惯性地默认你的作品是这样的。《冰风暴》的与众不同之处是你有意识地营造了一种风格。我们能在影片中感受到你的风格,而过去你曾说,你不希望观众感受到这一点。

李安:是的,影片中我的个人风格比较明显。我认为这种激烈的素材需要一种风格,否则就无法成立。因为与赤裸原始的自然相关的情节非常零散,你必须制造视觉上的类比，小心地将影片整合成一个整体。和《理智与情感》不同，观众不是在看一个故事。在这部影片中，观众看到的是多个瞬间构成的发展历程，所以和我的其他作品相比更刻意——或者说更有艺术感。这样工作很有趣，也很痛苦，因为对我来说有点不自然，但我相信是好的挑战。

莫夫曼：《冰风暴》提出了一个哲学问题，阿托姆·伊戈扬即将面世的作品《甜蜜的来世》（*The Sweet Hereafter*）中也有类似的探讨。你们似乎都在问：我们在对自己的孩子做什么？

李安：我认为这是集体意识的一部分。中国人相信如果你做了坏事却未受惩罚，只是时候未到。我们在对孩子做什么——我们作为父母对这个问题很敏感。它会让我们警惕环境，并注意自己的行为。我们会考虑后果。我们为了方便自己，解放自己，行事必须小心，因为这一切都会影响我们的孩子。我希望，正确的发问可以迫使我们成为更好的人。电影和我的家庭是对我最重要的东西。我努力平衡工作和家庭，但我的家庭为了我的工作做出了牺牲。因为拍电影时,我肩头扛着很多人的梦想,这比我的个人生活更重要。维持平衡很难,就像让盘子在细杆上旋转那种表演。很有中国味!

莫夫曼:《冰风暴》中有一幕,父亲提着行李箱上楼梯。他在儿子的房间门口停下,说:"嗨,我回来了。"两个男孩一脸迷惑地抬起头问:"你出去了吗?"

李安:(笑。)很悲哀。人物在他们的生活中梦游,很快就会被叫醒。

莫夫曼:但是只有发生悲剧才能把他们叫醒吗?

李安:是的。痛苦最能让人清醒。我认为痛苦在精神上是有益处的——是一种让人清醒的症状。如果去除人体的疼痛神经,人就会失去保护,不知道哪里出了问题。真切的痛苦让人成长。

莫夫曼:作为电影人,你的成长历程是怎样的?

李安:我最早拍摄了三部很个人化的作品。但我认为,你的所见所闻、你的周边世界,是很有局限性的。所以我不会拍十部那样的电影。我的成长经历挺无聊的,所以我想做有趣的尝试,想要突破自我,想要去探索。现在,我每拍一部新电影都认为影片会失败,我气数已尽,我喜欢这种感觉。我不想失败,但我想知道我的极限在哪里——这是我对电影的态度。但我不想成为电影的奴隶。我会竭尽全力,但一部电影一旦完成,我就要向更高处进发。在我看来,导演是学习的过程,生命是学习的过程。学习不是达到目标的手段——学习就是目标,是人生的基调。

"The Angle on Ang Lee" by Oren Moverman, originally published in *Interview* magazine, September 1997. Courtesy of BMP Media Holdings, LLC.

一夜之后

戈弗雷·柴夏尔/1997年

正如影片的标题意味着无法预测的天气变化,《冰风暴》标志着李安和詹姆斯·夏慕斯共同的创作环境的突变。这也不是第一次了。合作了《推手》《喜宴》和《饮食男女》之后(李安是编剧兼导演,夏慕斯是编剧兼制作人),两人似乎在拍摄讲述现代中国台湾地区家庭情感百态、极受欢迎的中等规模喜剧作品的舒适区中安顿下来。随后,1995年的《理智与情感》飞越到了简·奥斯汀的英格兰,让李安和夏慕斯进入了大预算、明星云集的电影制作模式,以及正式得到好莱坞认可的领域:影片获七项奥斯卡金像奖提名,最终,艾玛·汤普森创作的剧本获"最佳改编剧本"奖。

《冰风暴》让两人再次回到大本营纽约(夏慕斯还在哥伦比亚大学教电影,并帮助经营他和泰德·霍珀运营的好机器制作公司的各项业务)。尽管是回归,但影片也是一次新的出发。影片改编自里克·穆迪1994年备受好评的小说,是李安第一部完全由夏慕斯创作剧本的电影。影片的表演阵容包括西格妮·韦弗、凯文·克莱恩、琼·艾伦和克里斯蒂娜·里奇,这也是两人首次和大牌美国演员合作。影片描述了尼克松时代没有节制的性风俗和具有侵蚀作用的社会传统,冒险对人们熟悉而又感到莫名不适的时代精神进行了全新的解读:一头扎进了庸俗的服饰和更庸俗的行为的世界。

故事于1973年11月发生在康涅狄格州的市郊。当时,一阵极寒天气即将席卷美国东北,影片辛辣地嘲弄了性解放运动过后显露出的难堪的一面;成年人紧张地进行着不忠的游戏,孩子们则追寻着情欲的启蒙,仿佛玩弄这些是庄严的职责。名义上,这一切都被表达为喜剧,但影片的立意更复杂,更冒险,超过类型规则一般允许的范围:李安极其细腻的导演风格和夏慕斯对人物深入的描画(其作品在夏纳电影节获"最佳编剧"奖)一同体现了认真的自我审视——无论是个人的还是集体的——必然带来的苦涩味道。不过,这种细致的思想性一直是李安和夏慕斯的特点——体现这一点的不仅是他们的作品,还有两人对这部最新合作作品的反思。

《电影人》:是什么让你决定拍这部电影?你说你曾有所顾虑。

李安:《冰风暴》在很多方面(比我的其他作品)要严酷得多,比我以前的尝试都要黑暗。对于其他导演来说可能没什么特别的,但是我拍的影片一般都会让观众感到非常舒服。这部影片是一个挑战。

《电影人》:它混合了很难调和的一些风格。

詹姆斯·夏慕斯(以下简称夏慕斯):我们常说:不冒险怎么会有收获?我们如何(让观众)来到喜剧的边缘,在他们毫无防备的情况下,把他们推进悲剧,同时保证不惹恼他们?这样拍摄电影是很冒险的。我们行走在不同类型之间的中间地带。

《电影人》:你是先读的小说还是詹姆斯的剧本?

李安:我读了小说,并被深深感动了。尤其是最后火车来了,保罗·胡德看着他的家人站在那里。另外,我很想拍一场冰风暴。它令我着迷。这是一个十分强大的隐喻,与当年家庭关系所发生的变化相呼应——失去纯真。水门事件。那是"怪异"且"庸俗"的一年。

《电影人》:影片是否必须以1973年为背景?你考虑过把故事移植到现在吗?

李安:我认为(影片的)矛盾是超越空间和时间的。但我认为现在这样更尖锐和沉重。别无选择。(那段时间)如同泥潭,会给人情感温暖和安全感,也会让人想要从中解放和逃离。束缚和解放的力量不断博弈。(将影片设定在)一个变革的时代能让人联想到东方哲学——没有事物是一成不变的。你必须不断改变。你不能依赖任何事物,因为一切都会改变。

夏慕斯:《冰风暴》是我参与过的最具"时代感"的时代剧。对我来说,最令人郁闷的是,我的天啊,我长大的那个年代已经成为时代剧中的"时代"了！我老了！不过，没错，片中家庭成员破碎的人生轨迹是属于那个时代的。

《电影人》：尼克松被推翻——在美国政界是非常罕见的。总统是我们的父亲，我们不应该伤害我们的父亲。

夏慕斯：你说得非常对。（水门事件）确实打开了某种俄狄浦斯式的愤怒的闸门。但我们现在再看那个时代，会因为服装感到另外一种愤怒！

《电影人》：真的令人恐惧的是，那些东西现在又开始流行了。

夏慕斯：西格妮说得最好——如果穿了一次，就千万别再穿第二次了。

《电影人》：决定你采用的视觉手法的主要因素是什么？关于视觉风格，你又做了什么样的思考？

李安：庸俗是核心。庸俗也是有趣的。一种不自然、人造的感觉。摄影方面则是照相写实主义①。聚焦在人物的眼睛上——他们从不对视。恍惚,涣散,又很炽烈——我们追求的是这种感觉。还有雪的拍摄。我用快速的、很深的反射画面展现冰风暴,让冰雪看起来非常透明和自由。(观众)透过反射平面看到风雪,但同时看起来又像是真的。

《电影人》:有人看完影片之后与我分享了一些有意思的评价,他感觉你通过情感重现了那个时代,而不是像其他人那样用外在的事物。

李安:我认为情感更重要。让我想拍这部电影的正是情感。

《电影人》:片中对家庭关系的描述充满愤怒。

夏慕斯:影片包含青少年或年纪更小的人会有的、相较于现实而言更黑白分明的观念——正义、报应、道德和

---

① 照相写实主义(photorealism),20 世纪 60 年代末在欧洲和美国兴起的一种绘画风格,其特点是刻意追求细节和精确。

公正。我希望影片表明我们并不是支持(这种青少年观点),但我们理解这种感受。片中有对愤怒的接受,但影片不是愤怒的产物。不是说愤怒应该被消解或压制,但它应该与其他情感和观点共存。这是相对成熟的视角。

《电影人》:你有没有和演员一起琢磨那个时代的样貌?年纪比较大的演员对那段时间应该有自己的记忆。

李安:事实恰恰相反。剧组大部分人和我们年纪相仿,关于怎么拍这部电影的大部分想法,我都是通过采访剧组成员获得的。我感觉自己在拍一部纪录片,我听他们讲述他们的少年时代。(电影中年纪较小的孩子)现在差不多是我的年纪,或者比我小一点。我和他们在同一个时代长大,所以(对他们)有认同感。现在他们到了当年他们父母的年纪。我尤其通过他们了解了当时的气氛和人的态度。必须把握(那个时代)的态度。要学习,培养,向正确的方向引导。对时代的表现不仅仅是从阁楼里翻出来的旧衣服。如今,孩子(反抗)父母是天经地义的!另外,现在的孩子和父母不会对自我感到迷茫。(现在的孩子)更坚定,更自信。但当时(这种自信)刚刚开始出现,所以要保证他们说话的时候不那么确定,以表现那种态度,并确保人物的表现符合那个时代的情况。

《电影人》:和过去两部影片的演员合作感觉怎么样?

李安:两次感觉非常不同。美国人好像成长过程中接触电影更多。至少在这群演员中,(美国人)在镜头前,知道自己在被人观察时,更自如,更自然,更自在。我认为他们更习惯电影明星的概念。英国演员则很难忽略镜头,如果躲在某个不起眼的角落观察他们,他们会感到被暴露、不舒服。这是一种古怪的表演。你看到的东西是他们选择让你看到的。他们如果失去掌控,就会紧张。和美国演员相比,与英国演员合作更难拍到简单、纯真但动人的时刻。我尝试说服他们进入那种状态,但最终往往只是让他们倍感迷惑。

《电影人》:你会尝试刻意让演员有一点不自在,让他们感到不安吗?

李安:那很重要。如果一个片段他们演起来觉得很舒服,那就不对劲。要从最早的时候,从第一次排练开始。演员应该感慨:"天啊,这是我饰演的最难的角色。"无论怎么演都是错的。保持平衡是一种佛系的方式。你的所有做法都需要被解构。

《电影人》:在你们拍摄《冰风暴》的这段时间,美国电影并未探讨家庭这个主题。

夏慕斯:我不知道。我有孩子,看的电影很少。

《电影人》:如果你看了自己制作的所有电影,那就很多了。

夏慕斯:《小美人鱼》我看了大概有五千遍。大量看迪士尼电影直到想吐之后,你就会意识到,被归为家庭娱乐的产品都有很强烈的恋母情结。从《小鹿斑比》(Bambi)到《狮子王》,很多迪士尼电影都以父母中的一方被杀死开头。迪士尼电影中的父母仿佛时刻被人用强大武器的高清瞄准镜瞄准着!

《电影人》:你怎么看这部影片中的家庭和台湾电影中的家庭之间的联系?我感觉《冰风暴》的故事发生的地

方和《推手》里的人物居住的地方似乎不无相似之处。

李安：还是有区别的。

《电影人》：什么区别？

李安：(康涅狄格州新迦南)更先进，更文明。我不是说行为举止(方面)。我的意思是，那里的理念是向前看的，更开放。

《电影人》：两部影片中的文化似乎是相反的。中国文化更注重传统。而美国文化——尤其是那个时期的美国文化——中的问题则更多地与反叛和过度解放相关。

李安：没错。打动我的不是"20世纪60年代"，不是学生运动。这部(影片描述了)60年代的后遗症——终于渗透到了安静的中产阶级。结构在摇晃，世界在坍塌。

《电影人》：这一切发生的时候你在台湾？你当时在上高中吗？

李安：(高中)一年级对我来说是关键的一年。我为了给父母争光，努力学习准备考大学。但我当年高考失利了!我父亲是高中校长。这是我的一个大转折点。我进入了台湾艺术大学。我首次站上舞台之后,一切就尘埃落定了。我知道自己想做什么了。

《电影人》:詹姆斯,你是来自约翰·契弗①式的背景吗?

夏慕斯:不,我在洛杉矶长大。我就读于伯克利英语系时,阅读契弗和约翰·厄普代克的作品,对我来说就像在乡村俱乐部喝干马天尼鸡尾酒。

《电影人》:我想了解你们两位的工作关系。詹姆斯既是编剧又是制作人,而且你们长期合作,这是与众不同的。不是只合作一部电影。这种合作关系是如何运作的?

李安:你读到的剧本一般都是为制片厂高管写的。它们都被弄得像军舰一样,以证明导演不会有太多发挥

---

① 约翰·契弗(1912—1982),美国小说家,被誉为"美国郊外的契诃夫"。

空间。但是詹姆斯不会这么对我。电影方面你有什么令人兴奋的想法吗?我们的关系是这样的。很有趣。我很幸运。如果没有詹姆斯,我拍出的电影和现在的版本会是不同的。就连拍华语电影,他也能为我带来不同的视角。

《电影人》:詹姆斯,作为一名编剧,在和李安合作期间你学到了什么?

夏慕斯:必须将剧本创作看作为他人创作。我必须把它视为工作。如果我为了让自己开心去写剧本,那就会写出糟糕至极的垃圾。幸运的是,我主要的读者是李安,不是"美国人民"或彼得·古柏①。我有读者,而他知道自己想做什么。

《电影人》:现在,观众想在影片的前五分钟就知道结局。这部影片基本不符合这种期待。

---

① 彼得·古柏(1942—),曼德勒娱乐集团主席兼首席执行官,娱乐和传媒行业非常成功的高管与企业家。

夏慕斯：我们这样拍，而且仍然能够抓住观众的注意力，这让我很开心。这一点我们借鉴了 20 世纪 70 年代的电影，比如保罗·马祖斯基的《两对鸳鸯》(*Bob & Carol & Ted & Alice*)。它永远无法进入作者电影的神殿，但非常精彩。另外一部十分古怪的影片是伯特·兰卡斯特出演的《浮生录》(*The Swimmer*)。他在整部影片中一直穿着泳装！

"The Morning After" by Godfrey Cheshire from *Filmmaker* 6, no. 1 (September 1997): 42-43, 89.

《与魔鬼共骑》：李安访谈

艾伦·金/1999年

李安是时候拍一部讲述美国内战的电影了。

推出探索爱与家庭矛盾的作品《饮食男女》《理智与情感》和《冰风暴》之后，李安拍摄一部讲述国家内部冲突的影片似乎理所当然。这一次，他执导战争史诗电影《与魔鬼共骑》，影片将于(1999年)11月24日在纽约和洛杉矶上映。

李安在中国出生并长大，但在美国学习戏剧和电影。他最初因以中国台湾地区为背景的"父亲三部曲"《推手》《喜宴》和《饮食男女》崭露头角。《喜宴》和《饮食男女》分别于1992年、1994年获奥斯卡金像奖与金球奖"最佳外语片"提名。

李安首次接到拍美国电影——1995年的关注姐妹情谊的爱情电影《理智与情感》——的邀请时,影片的内容令他大吃一惊。"他们认为我可以拍简·奥斯汀。"李安低笑道,"有艾玛·汤普森,我无法拒绝——(但)我非常担心。第一次拍英语电影就是改编简·奥斯汀的作品。"

但是影片被誉为当年最优秀的电影之一,获得了多项奥斯卡和金球奖的提名。尽管李安没有得到奥斯卡"最佳导演"提名的肯定,但影片及演员艾玛·汤普森和凯特·温丝莱特都获得了提名,汤普森还收获了"最佳改编剧本"奖的奖杯。李安说:"以后我就只想拍时代剧了。"

他的下一部美国电影又跳到了截然不同的时代,描述了20世纪70年代的美国市郊中产阶级的生活。1997年的《冰风暴》是一部关于家庭和性觉醒的剧情片。凯文·克莱恩、西格妮·韦弗、琼·艾伦和克里斯蒂娜·里奇出演的这部影片受到了评论界的好评,但在颁奖季没有得到什么关注。随后,李安将目光投向他的下一部作品。

"我总是期待拍一部更宏大的作品。"李安说道,"我认为在家庭剧情片方面,我已经充分地表达自我了。我想我很长时间都不会再拍家庭剧情片了。"

《与魔鬼共骑》改编自丹尼尔·伍德里尔1987年的小说《幸存之殇》,它又让李安来到了另一个时空:美国内战期间的堪萨斯和密苏里边境。名为"荒野游击队"(Bushwhackers)、支持南方的年轻人组织迎来了两名新成员——发小杰克和布尔(斯基特·乌尔里奇饰)。随着战争的发展,两人遭遇了来自北方和队伍内部的敌人,还爱上了一个年轻寡妇(流行歌手珠儿饰)。

相较于战争史诗,影片更像展现外来者如何被战争改变的角色研究。制片厂曾希望请莱昂纳多·迪卡普里奥和马特·达蒙出演男主角,但李安——曾在《冰风暴》中与托比·马奎尔合作过——读小说时就知道,马奎尔才是饰演杰克的最佳人选。

"看他表演我永远都不会感到厌倦。"李安这样评价马奎尔,"人们说有时候主人公就是导演自己。我在他身上看到很多和我相似的地方:被动、善于观察——这类性格的人物很难成为男主角。看到他在某个情境中发生变化，细心观察，你就会被他吸引。他的举止看起来非常真实可信。我合作过的大多数演员并不相信自己扮演的人物。但是他相信——全身心地相信。在我看来，他是导演梦寐以求的演员。"

另一位选角必须非常契合的人物是霍尔特，他是一位荒野游击队成员忠实的前奴隶，后来成了杰克的朋友和知己，但在影片前半部分都没有说话。

"我读小说时，这个人物是第一个吸引我的注意、让我产生认同感的。"李安说道，"多年来，我在这里都是外国人……这涉及追求自由和摆脱束缚，但让我特别感动的（是）他的自知……自我解放。这个故事的主题并不是美国内战。潜台词是公民权，因此这个成长故事真的很打动我。"

杰弗里·赖特［曾出演《轻狂岁月》（Basquiat）］是第一位霍尔特的试镜演员，导演表示赖特的表现让他难以忘怀。

"我喜欢他的眼睛——我认为他的眼睛吸引了我，"李安说，"你会想知道他在想什么。我认为他的眼睛很美,(他的)嗓音也很好听。而且他是一位优秀的演员。"

李安目前在拍摄《卧虎藏龙》,一部设定在19世纪中国的动作电影。对于他来说,这又是一个全新的方向。

"我一直想拍一部武侠片。我不想被狭隘地归类。我希望作为一名导演不断成长。"李安说,"对我来说,我的整个职业生涯就像是在一所巨大的电影学院中求学……这部影片和之前的作品是有关系的,比如爱情或社会责任与个人自由、时代变迁的关系,只是步子迈得更大。"

"Ride with the Devil: Ang Lee Interview" by Ellen Kim from Hollywood.com, October 8, 1999.

李安和詹姆斯·夏慕斯

尼尔·诺曼/2000 年

尼尔·诺曼(以下简称诺曼):我们先聊聊《卧虎藏龙》。影片改编自五部曲系列小说——中国的通俗小说——的第四部。你是何时看到将其改编成电影的可能性的?

李安:1994 年,一位知道我喜欢这位作家的朋友介绍我读了这本书。我觉得,第四部——讲述的是年轻女孩玉娇龙的故事——可以改编成电影。故事中如果有强大的女性角色,就总是能够吸引我。尤其是在我从小就想拍的这种非常男性化的类型片里。我感觉我拍了六部电影才有资格拍摄这种电影。当然,我成长了,已经是一名成熟的电影人了，因拍摄以个人感情为中心的家庭剧情片而知名。我不能毫无保留地拍一部纯粹的类型电影。我必须把自己知道的一切融入其中——就像拼盘一样。关键是保持平衡。

我认为小说有好几个方面都打动了我，所以将其改编为我的第一部武侠片会很有意思。故事中有一位非常突出的女性角色，很有中国古典文化的神韵。一般这些通俗小说的故事都发生在法外之地，几乎像传说——创造了一个名为江湖的世界，其中有纠葛，涉及地下组织和剑法。但这个故事并不是那样的，其中有很多我重视的东西，还与已经被遗忘的中国历史进程有关，有古典中国的神韵——这是我从历史中、我的父母那儿和电影中了解到的。故事所表现的中国在某些方面契合我体内的藏龙，因此我想拍这个故事。

就在那时，我收到了执导《理智与情感》的要求，那个机会太好了，我无法拒绝，所以我拍了《理智与情感》。同时，《冰风暴》还在制作阶段。那也是一部我想要拍摄的影片。而且坦白说，那时我认为自己尚未准备好执掌一部大制作影片。然后，我又拍了另一部电影——《与魔鬼共骑》。之后我认为自己已经准备好了。完成三部主流英语影片——其中《与魔鬼共骑》可以算动作片——之后,我认为自己准备好了。我——可以说——更强大了。詹姆斯可以和你聊剧本创作的过程。剧本创作和融资。同时,我去北京勘景。这个过程花费了两年。前期制作花费了五六个月,然后是五个月的拍摄、五个月的后期制作和七八个月的宣传。

诺曼:这部讲述中国故事的影片和西方神话故事有共通之处,这颇为奇特。比如,青冥剑类似亚瑟王传说中的圣剑(Excalibur)。片中似乎还散落着《哈姆雷特》的元素。这些是原著中就有,还是你为了让影片更具普遍吸引力而刻意突出的?

李安:我认为人是共通的。青冥剑的名字来自……有一把剑就叫青冥剑,因为不断扭转,所以是绿色的。这是一门古老的技艺,不断扭转击打,直到剑轻而有弹性。嗖!剑身会这样摇摆。

青冥剑的名字直接取自原书,我用了这个名字,进一步发扬了道家哲学。碧眼狐狸是有年头的青,浑浊的青,这才是青的真正含义。这是终极的阴。万物存在于且源于阴阳……很难解释。阴是最神秘的女性元素,我们男人是不懂的。是女性。是女性化的。这就是青冥剑的意义,是青冥剑的象征意义。这一点用中文恐怕也很难理解……我不知道。但这是我的理解。青就是藏龙,是欲望和压迫……深度挖掘之后出现的奇怪的东西。我想,比如说,亚瑟王的圣剑的故事中也有类似的元素……

这并不是我们特地为西方观众设计的。为了西方观众,我和詹姆斯在中文与英文之间来回切换,我认为这个过程有助于让影片适合世界各地的观众——不仅仅是西方观众,而是全球的观众,也包括现代中国观众。在东方,我们过去想当然地认为正确的东西和逻辑现在不一定合理。在如何讲一个适合全球观众的故事方面,这是一个很好的例子。这意味着对社会背景做更多的铺垫,对游戏规则进行更多的解释。比如,影片开始十五分钟后才出现第一个动作场面。对于中国观众来说,这十五分钟一定像三十分钟:"到底什么时候才有武打场面?"一般这种类型的影片上来就是一个精彩的动作场面,向观众证明影片一定会好看。我们打破了这个规则。我认为这很大程度上是因为西方观众。

而且我不只是想拍一部武侠片,其中是有剧情的。我认为,影片遵循的是递进的西方三幕式结构。从危机或人物的行动之类的东西开始,或者用语言描述关系。

诺曼:詹姆斯,我知道你参与了《理智与情感》之外李安所有作品的剧本创作,而且参与了李安所有作品的制作。但此前的影片与这一部都不同。对你来说,处理剧本中的特技场面是怎样的挑战?

夏慕斯:了不得的挑战,但其实不是我完成的。(笑。)在剧本第一稿中,我写了一小段导言。一个一个场景读下来,到武打场面的时候,我准确地记得我写下的话语:"他们对打。"我在导言中写道:"尽管我无法详细解释武打场面,但我保证它们会是影史上最伟大的武打场面。绝对精彩。"试图将影片卖给发行方时,我们就是这样推销的。有两件事我是确定的。一是李安会坚持构建和西方动作片不同的武打场面。在西方动作片中,反派想要杀死主人公,而主人公不想杀死反派,在打斗中,反派占优势,好人看起来就要死了,但最后好人还是赢了;但他又没有杀死反派,只是让其无还手之力,随后反派又拿着刀从浴缸里爬了出来,最终好人不得不杀死反派。(笑。)

所以我知道,武打场面会是人物关系的表达,是有意义的。在这部影片的大部分打斗中,都有一人不想动手。在这种情况下,拍摄有戏剧性的武打场面很有意思。所以我知道,李安与我们的武术指导袁和平会在前期制作时在片场解决这个问题。我们在西方提到袁和平的时候,后缀总是"因《黑客帝国》知名",这其实非常讽刺。他确实是《黑客帝国》的武术指导,我们也喜欢其中的动作场面,但在我们眼中,他显然是成龙和李连杰事业的缔造者。三十年后,文化转了一个圈,袁和平以《黑客帝国》的武术指导的身份再次出现在我们面前,真是太神奇了。

诺曼:电影制作过程中,有很多关于选角的报道。我听说最初男主角的人选是李连杰,你计划拍摄不同语言的两个版本——一个英文版和一个中文版。真的是这样吗?

李安:只是一个想法。可行吗?我不知道。以前有人这么做过吗?我不知道。拍两个版本似乎是浪费时间。执导两个版本时,我能同样投入吗?所有演员的中文都比英文好。他们说英文台词会吃力吗?从制作的角度看,这么做不合理。如果影片只有约五十句台词,我也许可以做到。但这部影片的台词太多了。所以我决定不这么做,只拍中文版。

是的,李连杰。要拍武侠片,第一个想到的就是他。但当时这部影片只是一个小项目,我想要把它拍成有动作场面的《理智与情感》(笑)……两个女人的故事……所以大体上,男演员只是配角、点缀,是人物之间情感和冲突的载体。我们尝试邀请李连杰……但最终没有谈成……

周润发也是电影巨星。我觉得这个角色不太适合成龙。(笑。)周润发说他不拍古装片,不剃头,不梳辫子。他以前也从未拿过剑。但我知道他是一位优秀的演员,非常英俊,什么都好,所以我给他看了剧本,这时他就同意出演这个角色了。我非常感动。他没法空翻,没法做李连杰那些华丽的武打动作,所以我们减少了打戏,他的戏份被大幅扩充。他和杨紫琼的关系在影片中的比重被加大了,变成了影片的爱情线。现在回头看,我认为我们能请到他是非常幸运的。影片更偏向一部爱情剧情片。

诺曼：所以你选他后，影片的情感重心改变了？

李安：是的。这种情况在我身上经常发生。有时候是在剧本创作过程中，有时是在导演过程中。比如片中的年轻女孩章子怡，她和我对人物的理解不同，所以我必须调整影片去适应她，保证影片的效果。我认为我是演员的裁缝。演员方面的工作在最终音乐写好之前都没有完成。这方面的调整一直在继续。要让每个演员都显得与其饰演的角色完美契合。

诺曼：你的前四部影片都是小说改编的。里克·穆迪的《冰风暴》、奥斯汀的《理智与情感》、丹尼尔·伍德里尔的《幸存之殇》，还有这部影片。在原始素材的基础上创作剧本时，你是否有不同的思路？詹姆斯？

夏慕斯：哦，问我吗？

诺曼：两位都可以聊聊……（笑。）

李安：我可写的东西越来越少。因此我选择改编……

夏慕斯：改编基本上意味着，我只要抄别人的东西，就可以搞出过得去的剧本第一稿……（笑。）这十分令人欣慰。因为第一阶段只是通读，把有料的部分画出来，再将它们按照从电影的角度看说得通的顺序排列。然后就是艰难的阶段，你会意识到小说无法简单直接地转化为电影。将小说创造的世界视为剧本和影片优势的基础是一个致命错误。因为一旦开始从电影的角度操作，那个世界就消失了——你必须自己一步步将其建构出来。这就是电影制作的过程。

我在好机器的搭档泰德·霍珀最初是做助理导演的，也就是统筹整个剧组的人。他说，电影制作就像一部菲利普·K. 迪克①的小说，如果你不想到地板，就没有地板，你就会掉下去。一定程度上，改编小说也是如此，你会突然意识到自己遗漏了将其改编成电影所必须做的事情。所以这是一个很有意思的过程，很适合懒人，因为第一阶段很轻松，也适合拖延症患者，因为开始考虑电影制

---

① 菲利普·K. 迪克(1928—1982)，美国科幻小说家，多部作品被改编为电影。

作之前就已经有一版草稿了。

诺曼：这是不是意味着以后再也没有李安原创的剧本了？

李安：可能会有詹姆斯·夏慕斯原创的剧本……我真的不喜欢写作。刚起步时，没有人把剧本给我拍，所以我只能自己写……这就是我写家庭剧情片的原因——我是一个很注重家庭的人，我只了解这些事情！现在我作为导演有一定地位了，相较于写作，我更喜欢做导演。写作是孤独的。做导演则能得到各式各样的灵感。和人合作，有趣得多。日程很满的时候，我觉得自己无法坐下来几个月，做研究，经历痛苦的写作过程。这已经不再是我想做的事情了。我想利用有生之年尽可能多地执导电影。

诺曼：我们聊聊很久以前的事情，1985年左右。你在纽约大学电影学院，手上有几个剧本，但找不到将它们拍成电影的机会，所以你用两部剧本参加了台湾地区举办的比赛。这两部剧本是获得一等奖的《推手》和获得二等奖的《喜宴》。这是很不错的起点了！这给了你制作一部影片的跳板。詹姆斯·夏慕斯的公司好机器加入了。这场思想的相遇是如何发生的？

李安：我把这些剧本送去参赛的时候是我人生的最低谷。我们的小儿子刚出生，我去医院接他的时候，去银行取钱买尿不湿，屏幕上显示我的账户里还剩二十六美元。太可怕了。我写的第一部中文剧本是《喜宴》，完成六年之后才拍成电影。当时在美国拍华语片是天方夜谭，没有人愿意投资，哪怕我需要的资金很少。影片主题又与同性恋有关，我也没法在故乡融资，所以剧本就一直被搁置。

1989年底，一位朋友看到广告说剧本比赛的征集范围扩大了，身在外国的华人也可以参赛。最高奖金相当于一万六千美元——非常丰厚。《推手》中老太极大师的故事我已经酝酿了很久，但一直不想把它写出来。那六年，我觉得我就像那位老太极大师一样坐在家里，哪里也去不了。（笑。）

我没想过拍这部电影，但我知道如果把剧本写下来，我就能得到那次比赛的头奖。所以为了比赛，我把剧本写了出来。后来真的获奖了，他们给我寄了一张去台湾领奖的票。我到后,他们——制片厂——说,他们想拍三部电影……当时管理层刚刚变动过。他们说想拍三部电影,其中一部会请新导演拍,因为知道会亏钱,所以我想怎么拍就怎么拍。(笑。)"里面的美国妻子?别选太难看的就行。"(笑。)

预算的三分之一来自主管部门,三分之一来自他们签的一个录像一揽子协议,所以只有相当于十万美元的投资。然后他们说,没问题,开始拍吧。故事发生在纽约,我收下了投资。但我说:"给我几天时间,我不知道想不想拍。"我已经等了十年……不想拍一部失败的作品。后来我还是收下了钱,开始寻找执行制片人(line producer),然后通过一位朋友认识了泰德,知道泰德和詹姆斯刚创立了好机器。我想,当时他们与另外一家公司共用两张办公桌。我们互相自我推介。他们告诉我,他们是纽约的无成本制片之王。(笑。)

詹姆斯看起来既像二手车销售员,又像教授……他们说:"注意,我们说的是'无成本',而不是'低成本'。你的钱,大约四十万美元……"

夏慕斯:三十五万。

李安:"三十五万对我们来说已经很奢侈了。"他们开出的条件非常诱人。他们说自己是以导演为中心的制作人。他们希望教导演如何利用有限的预算拍自己想拍的电影,而不是一直陷在制作地狱里——而我就是六年都深陷其中……所以我明白那种滋味。这么多年过去了,我庆幸他们俩不是骗子!(笑。)

他们信守了承诺,和我一起成长,一直在教我如何用有限的预算拍出理想的影片。你们看到的所有影片——无论小制作还是大制作——他们都和我一起摸索。他们在学习如何应对大人物和各种不同的情况,应对国际融资和销售。第一部影片《推手》在台湾地区之外都没有赚到钱,所以詹姆斯说:"第二部作品的剧本我来帮你。"立竿见影。《喜宴》是国际化的,我们合作了很多部影片,有中文的,也有英文的……我们创造了成果丰硕、共同成长的合作关系。现在我希望他们教我如何拍《终结者3》……

观众提问环节

观众:你似乎在不同类型之间跳跃。你会在开发项目时就考虑这种跳跃吗？

夏慕斯：找劲爆的新类型去拍？我想这么做没什么问题，但是我认为随着时间的推移，发生了两件事。一是和我内心书呆子的一面有关，也就是对电影的历史记录和传统的关注，很多是因各式潮流而被好莱坞自身遗忘的好莱坞传统。我认为关注这方面，做相关的工作，令我个人感到很充实。对于李安来说，这是一项不同的任务，但也有不少相似之处：接触那些传统，不断检验自己的技艺，除艺术家之外，还把自己视为匠人。这种做法一定程度上是十分奢侈的。所以我想，这种大方向还会继续，我们并没有非做不可的新项目。不过我们一直说要拍一部音乐剧……（笑。）但我们还没有真正决定。

李安：这就是和詹姆斯——一位电影教授——合作的好处。我一旦厌倦了某种类型，就能拿到大量的素材。嗖！所以写剧本对我们来说是最无趣的。我们将拍摄什么样的影片，会收获什么乐趣，我们用什么角度，会向其中加什么料——电影人的技艺，这才是真正有趣的，而不是类型或剧本创作。

观众：《卧虎藏龙》似乎相当冒险。主要的风险是什么？经济风险？

李安：当然是很大的风险。压力很大。这是我一直很想拍的影片，但我一直不具备相应的技能，直到我拍了六部作品。之后我做好了接受挑战的准备。我认为最大的挑战是，我在拍摄一部要花很多钱的类型电影，而且我想拍一部一流的剧情片，看能否保持平衡，让两者相互促进。此外，我想在中国的各个相距甚远的地方取景。所以这一切都极具挑战性。完成三部英语电影之后，回归我的文化根源，实现我的童年梦想，这对我而言是很重要的。但这也是新的冒险，因为拍摄这种电影在美国是低成本，在中国却是大制作。没有现成的规则。我们可以自己定规则。没有制作人时刻在我身后指手画脚。没有定则。当然，我不断测试极限。

詹姆斯会告诉你，李安导演的、周润发和杨紫琼出演的一部电影，能从每个地区筹到多少钱。他们会给我们一个数字，然后我们定预算。这方面，詹姆斯可以补充具体信息。融资过程及相应的风险很有意思。筹到钱就没问题了，可以开始拍电影了。但对于投资方来说，这部影片必须有六千万美元的收入才不会亏本。过去,华语电影的票房远达不到这个数字。这是不可能完成的任务。但这就是我们想做的事情。

夏慕斯:在好莱坞为李安的华语电影融资的过程中,发生了很多有意思的事情。主要是因为《冰风暴》获得了"大片级"的票房,而且《与魔鬼共骑》面世之后,我们收获了"铺天盖地的赞美和大笔的资金"……可以说,如果这部影片不成功,李安就要去为福克斯电视台导演《动物吓人时刻》节目……所以有一些不确定因素。曾经有亿万富翁承诺提供所有资金,后来不知道发生了什么,可能是某天运气不太好……

李安:是亚洲金融风暴……

夏慕斯:病毒。反正后来我们预估在欧洲能筹到多少,这里有很多依然信任李安的老朋友和发行商,这些数字证明了影片应该有若干美元的预算。当时,我们引入了美国的索尼经典(Sony Pictures Classics)及同属索尼旗下的哥伦比亚电影亚洲公司(Columbia Pictures, Asia)。为了兼顾包括亚洲和拉丁美洲在内的其他地区,我们还找了另一家索尼公司——哥伦比亚国际电影

(Columbia Pictures International)。这个商业家族加入后化零为整,帮助我们完成了电影。但当时,这也是一个囊中羞涩的商业家族。所以我们不得不为这些合同贷款,找一家足够疯狂、愿意这么做的银行,最后在法国找到了。然后我们要找一家愿意为影片担保的债券公司,因为有保险保证我们能够完成这部在中国各地拍摄的疯狂电影之前,银行不愿意给我们钱。债券公司在洛杉矶。还有在中国的制作流程。为了敲定这些交易,因为税务(这是个复杂的故事),他们必须在英属维尔京群岛设立一个子公司。我们在美国设立的有限公司拥有英文版权利的分许可。最终,我们需要处理多达几千页的法律文件,都要按照一定的顺序走签——法国的某人不先签的话,意大利的某人就不会签。同时,他们已经在北京了,进行电影的前期制作,差不多就要抵押李安的房子。所以我们心里有点儿没谱。

诺曼:这一切都可能因为一两个小意外——比如杨紫琼刚开始拍摄就膝盖受伤——而功亏一篑?

李安:是的,拍摄第二周,非常不幸。做一个旋转飞踢的动作的时候。这个动作她做过无数次,但她疏忽了,而且当时是夜里拍摄快要收尾的时候,咔嚓一声,她的膝关节韧带断了,必须送去做手术。接下来约两个半月的拍摄日程全部要重新安排。真是一个噩梦。一开始我们在戈壁滩上拍摄——后勤方面真的是一个噩梦——我们迷失在荒漠和暴雨中。那是荒漠啊。一连两个星期下雨!(笑。)

夏慕斯:我们的制作人江志强每天都在烧香祈祷好运,但完全没效果。本地人来找他,对他说:"谢谢你烧香,我们也是这样求雨的!"

李安:整个制作过程都是这样的。什么都不顺利。我为了一点点小细节,为了把影片拍成,折磨自己,折磨所有人。从头到尾都是这样。有时候我觉得自己就要完了。我不知道我是怎么挺过来的。有人问我会不会有续集……(笑。)想想都觉得太疯狂了。

观众:这里(英国)能买到《卧虎藏龙》的小说吗?

夏慕斯:我们在努力安排……中国台湾地区出版了一个缩减版,我们在尝试翻译这个版本。但是这个缩减版显然是盗版……是的……所以不知道他们能否解决这个问题。

观众：两位都是武侠片的影迷吗？如果是，这个类型中你们最喜欢的导演是谁？

李安：我从小就看武侠片，是忠实影迷。小时候吸引我的是故事，关于力量、个人超越和爱情的故事。道德故事。我成长过程中的秘密快乐来源。我年纪稍微大了一点之后，香港武术指导开始统治这个类型，制作了很多精彩的打斗场面。当然，他们不怎么在意打斗场面之间的剧情。作为一名年轻的电影学院学生，我对电影语言非常感兴趣。所以两方面都很吸引我。我想要达到香港武打的高标准，同时拍出精彩的影片，并受到赞许。所以这是我一直想做的事情。

那些导演中，胡金铨和张彻我最敬仰。最近的导演——除了作品中一些非常经典的打斗场面——对我没有太多影响，我不太喜欢那些故事。

夏慕斯：为这部影片做研究时，我看了很多武侠片。我目前最喜欢的是主要在六七十年代活动的张彻，如果你能找到《独臂刀》的录像带……这些是非常残酷、乖张、有点施虐受虐情结的武侠片,在其中,身上油光闪亮的男人把彼此砍成碎片。很有意思!(笑。)

观众:我听说你计划明年拍一部前传,周润发说他将一年半不拍电影,是真的吗?

夏慕斯:如果我是周润发,和这家伙一起拍了这部电影——我就退出影坛了。

李安:不是明年。我坚持不下去了。我太累了。我可能需要拍一两部英文电影来恢复。身体真的受不了。

夏慕斯:但无须担心,明年就会出现很多名字里有"卧虎藏龙"的中国电影——各类前传……

观众:你在作品中描绘了很有意思的女性人物。这在电影中并不常见,你的灵感从何而来?

李安:我想来自我的妻子。真的。还有我的前女友。我从小接受的教导是传统大男子主义的,但我想我内心不是一个很阳刚的人。我不是吴宇森。在现实和戏剧世界中,我会被强势的女性吸引。如果坚强的女性心碎,我也会心碎。这是很能代表我的东西。文本中如果有这样的人物,我就会抓住她们。我不知道为什么。就是有化学反应。我发现和其他人物相比,我更擅长表现强势的女性人物。

我注意到,在亚洲,不知为何,我作品的观众百分之八十是女性。所以你会看到畏畏缩缩地坐在女人身边的男人(做出安静、卑微的样子),可能看《喜宴》的男性观众多一点。

我认为,探索男性主导的压抑的社会也是一个新鲜的角度。尤其是在这部作品中,在这个非常男性化的类型中,这是一个独特的角度,更有情感深度,因为我们与女主角共同进行了一场情感之旅。我喜欢这一点。我想这是我能为观众呈现的最好的东西。

观众:能说说影片最后在竹林里的打斗吗?花了多长时间?

李安:那个片段拍了两个星期。主要的工作是在剪辑室里完成的……那是我的一个疯狂的想法,一连几个月被所有人拒绝。在竹林里的打斗很多,因为竹林是很浪漫的环境。在中国,竹子象征着正直——它向上长,有弹性,就像剑法一样。竹林也是很好的前景。但是没有人站在竹子上,因为那是做不到的。而这正是我想做的原因。

绿色就是影片中的"藏龙",与荒漠闪回画面中的红色形成对比。在我看来,蜷缩起来的、被禁止的东西是绿色的。青冥剑,碧眼狐狸。任何绿中带点白的东西在我看来都是性感的,有一点禁忌感的。所以我认为,竹尖的打戏在抽象意义上是非常迷人的。并不是真的打斗。我认为那是理想地点。我们住在一个有重力的地方。我可能低估了重力。

对演员来说难度很大。我很担心他们的安全。他们深入中国南方的竹林,在山谷中。很难把建筑起重机弄进去。我们成功搞了四五个,把演员吊起来。那里有山谷和小溪,所以他们真的在高处,为了更近的镜头,我们必须修建平台。竹子一旦砍下来,叶子就会萎缩。只有下小雨才能拍半个小时,然后就要换一批竹子。真的很痛苦。不过这毕竟是个疯狂的想法。

观众：我对闪回片段有疑问。沙漠中发生的事情对影片似乎不是非常重要，你为何花那么长时间去讲？另外，创作剧本时要不断中英互译，具体是怎么做的？

夏慕斯：我可以回答关于闪回的问题：那是一个重大错误，我们道歉。（笑。）这对我们来说是一个很重要的话题。一般，我每看一遍这部电影——现在已经看得少了〔但他（李安）每次都从头到尾看完！〕——都会想："我们这样拍竟然也过关了，真是不可思议！"突然闪回二十分钟……我们毫无歉意，剪辑、倒退，再剪辑、倒退。我们做好了被骂的准备，所以我有底气。但我们也有很多喜欢闪回那一段的理由。

不过我要分享一下剧本创作的过程。这个过程对我来说极具教育意义，对李安来说则非常痛苦。我们最初写了一版中文草稿，然后李安写了小说第四部中对他来说最重要的部分的大纲。然后我写出了一部娱乐性极强的、有惊险打斗场面的浪漫冒险史诗电影，中国人读完都觉得荒唐好笑。我是这么类比的，就像一个中国人写了一部约翰·韦恩风格的西部片：主人公进入城镇，下马，走向警长，说"嗨"，然后跪下来连磕九个头……（笑。）

但是结构已经有了。我认为如果我是中国人，这一版应该是对我的整个文化的噩梦般的嘲弄。但我认为剧本的结构是可用的。然后，李安和王蕙玲接过了剧本的创作，从里到外彻底改变了这部影片，向其中注入了许多文化元素——我写的版本中缺失的，影片的灵魂。尽管我读了很多中文作品的英译本，也看了很多电影，但我还是误读了所有暗示。所以剧本创作变成了用糟糕的翻译相互折磨的六个月，这很棒……你能想象创作剧本时，请了一位被解雇的联合国雇员做翻译，结果翻译得很糟糕吗？……我总是认为我们要拍一部西方人能理解，但不失中国味道的影片，我仍认为这本质上是一部中国电影。但是某种程度上我也知道，影片在亚洲非常成功，不是因为其保留了亚洲身份，而是因为在与西方交流时出现了很多新东西。尤其是与女性人物和爱情相关的元素，这在这个类型中是很少见的。我认为西方观众买账的原因之一是，这是一部时长两小时的包含道家思想的动作电影。其中的中国风格——哪怕因为字幕，观众无法彻底理解——是具有深刻的新意的。所以我们为西方观众拍了一部东方电影，同时为东方观众拍了一部有西方色彩的影片。

李安：在我看来，詹姆斯是我认识的最优秀的作家。以这部影片为例，它必须像一部暑期大片那样打进亚洲市场，但同时也要适合艺术院线和纽约电影节。从纽约电影节到亚洲大片是很广阔的范畴。詹姆斯不会说中文，但他了解结构、影片的逻辑、销售和宣传潜力，以及评判剧本好坏的纯粹标准。我确实需要他的帮助，这是我的底线。承认这一点让我很痛苦，但该死，事实如此。

观众：我只有一句评论，没有问题。我认为《卧虎藏龙》令人振奋且深刻、感人。我想说声谢谢。

诺曼：我看了两遍，觉得它是很久以来我看过的最精彩的电影。非常感谢詹姆斯·夏慕斯和李安。

"Ang Lee and James Schamus" by Neil Norman from the *Guardian*, November 7, 2000. Interview conducted at the British Film Institute. Copyright Guardian News and Media Ltd. 2000.

藏龙现身

大卫·E. 威廉姆斯/2001 年

很少有现代导演能像编剧兼导演李安一样娴熟地运用人物和故事。他仅用七部作品就竖立了影坛变色龙的形象,证明了自己探索广泛的时代和社会结构并从中创作出有意义的戏剧的能力。

李安在中国出生并长大,1978 年来到美国,进入伊利诺伊大学学习戏剧。后来他在纽约大学获电影专业硕士学位。1992 年,他执导了他的第一部长片《推手》,他和编剧兼制作人詹姆斯·夏慕斯成果丰硕、延续至今的合作就此开始。

《推手》聚焦一个住在曼哈顿的中国家庭的情感联

结,成为李安的"父亲三部曲"的第一部,该系列的另外两部影片是《喜宴》和《饮食男女》[见《美国摄影家》(American Cinematographer)1995年1月刊]。每部影片都描绘了爱、家庭和传统在现代亚洲社会中所扮演的难以为继的角色,每部影片都赢得了评论界的赞誉。

尽管李安在戏剧叙事方面已颇有建树,但他的《理智与情感》(这部1995年上映的影片改编自简·奥斯汀的经典作品,讲述了几乎被社会风俗扼杀的爱情)还是让部分观众颇感意外。影片清新的面貌[很大程度上归功于英国电影摄影师协会(BSC)会员、曾获奥斯卡提名的迈克尔·库尔特的摄影(见《美国摄影家》1996年6月刊)]赢得了观众的青睐。1996年,李安推出《冰风暴》,再次改换路线,这是他第一部完全探讨美国主题的长片(见《美国摄影家》1997年10月刊)。影片以20世纪70年代的美国为背景,气氛萧索,探讨了中产阶级的家庭观念(或者说家庭观念的缺失)。不幸的是,很多观众未能感受到影片的低调魅力,其中清冷阴郁的摄影来自美国电影摄影师协会(ASC)会员弗雷德里克·埃尔梅斯。

1999年,李安以讲述美国内战的西部片《与魔鬼共骑》回归影坛。影片由埃尔梅斯用宽屏变形技术①拍摄（见《美国摄影家》1999年11月刊），再度展示了导演将复杂的人物编织进引人入胜的叙事中的能力。

现在，李安又有突破常规之举，他推出了《卧虎藏龙》。影片是对武侠片类型的惊人演绎，去年在戛纳电影节首映后引发了评论界和观众的热议。

《美国摄影家》在《卧虎藏龙》于戛纳首映前后采访了李安，对话涵盖了在中国拍摄这部影片的具体细节，以及导演儿时对打斗激烈的武侠片的喜爱。

《美国摄影家》：你是如何接触到《卧虎藏龙》的原著的？

李安：我很喜欢小说的作者王度庐，他写了很多武侠小说——我小时候，他在台湾地区非常流行。这个体裁大多是通俗读物，但是《卧虎藏龙》很特别：尽管里面的人物可以飞来飞去，但（故事）是根植于现实的。一般，（这

---

① 宽屏变形技术（anamorphic widescreen）是指在标准35毫米胶片上捕捉宽屏图像的电影摄影技术。

种故事中的)女性角色是很被动的;在这个故事中,女主角非常活跃且叛逆。这让故事非常有趣。

这部小说是在"二战"前夕创作的。大约五年前,我的一位好朋友把它推荐给了我。此后我就一直想拍这部电影。《冰风暴》之后,我想,拍了三部英语电影,我一定要拍一部华语电影。多年来,我一直把这个故事放在心上,而且我从小就想拍一部武侠片。

《美国摄影家》:能详细聊聊这个故事吗?还有,对女性人物的关注是如何让这个故事与众不同的?

李安:武侠片在传统上是非常男性化的,但(这部影片)有两个非常重要的女性角色,分别由杨紫琼和章子怡饰演。她们是影片的支柱。尽管其他武侠片也有强势的女性角色,但她们往往不是故事的焦点。我不知道这是素材、导演还是目标观众造成的。

《美国摄影家》:选择用普通话拍摄这部影片有哪些原因?

李安:这部影片是我儿时的梦想,来自一部武侠小说,所以我必须拍一部华语电影。我实在不知道用英语拍看起来和听起来会是什么感觉——对我来说,那会像看到约翰·韦恩在西部片中说中文一样!也许(和说英语)相比,影片的市场会较小,但我们希望让奇幻元素显得可信,所以对某些观众来说,外语反而更好。有人在空中飞来飞去,做出各种惊险动作,观众也许更能接受这些。

《美国摄影家》:我知道这部电影的剧本创作是一个复杂的过程。影片中讲述的故事只是小说的一个部分;另外,编剧之一兼影片的制作人詹姆斯·夏慕斯无法读中文,而小说没有英译本。

李安:从《喜宴》开始,我的每一部电影都和詹姆斯合作,所以我们既是朋友,又是电影合作伙伴——在我眼中,他从来不(只)是编剧!我们为这部影片融资时,他以我根据小说写的很长的大纲为基础,完成了剧本初稿。曾和我们合作《饮食男女》的王蕙玲写了第二稿,她基本上是从头开始,因为她写的是中文。我们来回修改了几次,由我做"中间人"。拍摄这部影片还有很多其他挑战,比如向B级动作片中注入戏剧性,以及按照好莱坞的制作标准在中国拍摄一部华语电影。

《美国摄影家》:你和在拍摄奇幻武侠片方面经验丰富的摄影师鲍德熹之间的工作关系是怎样的?他是否帮助你捕捉了你追求的地道风格?

李安:德熹是全香港最大牌、最好莱坞的摄影师。事实上,他的风格比拍摄我的前两部影片《冰风暴》和《与魔鬼共骑》的埃尔梅斯更好莱坞。德熹拍过好几部武侠大片,如《白发魔女传》,以及一些极具艺术感的影片。他还拍过不少动作片和几部好莱坞电影。他带来了最优秀的团队。他操作摄影机,和我们一起定预算,帮助我们搞定了我们需要使用五个月的设备——对于香港的设备出租公司,德熹说话很有分量!他导演过电影,甚至担任我们的助理导演——他可能是世界上为数不多如此全能的摄影师之一。我还能要求什么呢?

德熹与(动作指导)袁和平非常熟悉这个类型,所以他们不会彼此妨碍。他们是香港梦之队。动作场面——哪怕是规模最大、看起来最昂贵的镜头——必须以袁和平为主,因为镜头连起来之后必须没问题。德熹必须想办法,我认为任何好莱坞摄影师都没有这样的耐心。因为每个镜头都要实验,我们在用学生电影拍摄或游击拍摄的方式拍电影,但必须保证高质量!有时我们搭好架子之后才发现,我们想用的角度根本行不通;我们不得不换其他的角度,德熹必须等我们全弄好才能布光。

我们拍摄动作场面的方式有时会让德熹感到很沮丧,因为他想把镜头拍得很美,但我们没有事先计划好那些片段如何拍摄,以致他无法把光调整到最理想的状态。不过剧情部分德熹有足够的时间,他把那些镜头拍摄得非常精致、有艺术感——非常丰富、经典,几乎是好莱坞式的。对我们真的很有帮助的工具之一是力量支架吊臂(Power Pod)。它给了我们很大的灵活性,尽管在好莱坞一般是用来拍摄非常缓慢、流畅的动作,但香港的操作员让其四处移动,这是这一类型电影的视觉语言的一部分。

《美国摄影家》:大多数香港动作片运用的是对比度很高的照明方案和极端的色温,但是你在这部影片中采用了更温和的画面风格。

李安：是的，我们选择重现经典中国水墨画的风格，所以用了对比度低的电影胶片，并在制作设计和照明上都朝这个方向努力。半现实，半抽象。但这是一种中国审美，有个成语叫"亦真亦幻"。这是艺术创作的理想状态——足够写实，以打动观众，又足够奇幻，能激发观众的想象力。为了营造这种效果，我们降低了影片画面的对比度，只用中间色调。在大多数镜头中，我们都滤掉了蓝色，很多画面都是单色的，尤其是夜晚的场面。随着故事的发展，奇幻色彩越来越浓。

在我看来，前半部分是社会中的"卧虎藏龙"，也就是藏在法规和社会准则之下的人。有悬疑和出人意料的发展。但是后来，主题逐渐深入人的内心，关注隐藏的欲望，所以我认为颜色应该逐渐变得单一和简单。奇幻的一面在夜间和电影后半部分更加显著。

《美国摄影家》：你选择了 2.35∶1 的宽屏比例，这让我很惊讶，因为 1.85∶1 似乎更适合武打场面，可以在相对近距离地拍摄武打场面的前提下拍到演员全身。

李安：我一开始想用 1.66∶1 甚至 1.33∶1，因为影片中有很多跳跃动作，我觉得高一点的画面会比较好。影片的最后有很多山峦起伏的镜头，所以我也考虑学院画幅①。当然，在有些影院，尤其是在亚洲，他们[不愿意把放映机里的1.85遮片(matte)拿掉]，所以很多人的头可能都会被砍掉！然后我考虑用1.85∶1，直到我们去戈壁滩勘景，我意识到我们必须用宽屏拍摄这样的地形。对于两人的打斗，尤其是用武器的打斗，我认为宽屏效果是很好的，但它不适合表现跳跃动作。当然，你可以减少上下移动的动作，安排更多对角移动的动作。你一定会受到画面的限制，所以有些场面的效果打了折扣。

我们还决定用超35②格式拍摄。弗雷德里克·埃尔梅斯和我用宽屏变形技术拍摄了有很多动作场面的《与魔鬼共骑》。我认为这在营造史诗感和沟通方面对我们都有帮助，但是景深太小了，如果用宽屏变形技术拍摄《卧虎藏龙》，演员会受到很大限制。宽屏变形技术在拍

---

① 学院画幅(Academy frame 或 Academy ratio)，即1.33∶1或4∶3，与35毫米胶片的宽高比对应的画幅。
② 超35(Super 35)，一种利用35毫米胶片上通常为光学音轨保留的空间来拍摄更大图像的方法。

摄宽屏影像和构图方面是更好的工具,但并不适合这部影片。当然,用超 35 拍摄,画面质量在放大过程中有一定损失。

《美国摄影家》:在色彩和构图方面,戈壁滩片段你有什么不同的处理?

李安:我们用很多红色去象征两个人物之间的激情。在影片的这一部分中,虎和龙没有藏起来。不过,我们在影片最后岩洞里的片段也用了很多红色,暗示那里也有人物情感的袒露。沙漠也有很多黄色。不过拍摄这些片段是否有必要,这本身就值得商榷——这是一段很长的闪回。在电影语言中,闪回在四十年前就已经过时了,但因为这是一部骨子里是 B 级电影的奇幻武侠片,我以此为借口粗暴地插入了一段闪回。回到正在发生的事情时,画面以绿色——暗示碧眼狐狸和青冥剑——与雾蒙蒙的白色为主。

《美国摄影家》:你是如何选择袁和平担任动作指导的?

李安：袁和平是我多年的偶像。我上高中的时候,他就在执导影片了,甚至执导了成龙具有突破性的电影(《蛇形刁手》和《醉拳》)。因此他很有经验。他是比我优秀的动作导演,不过我认为我是更优秀的剧情导演!所以我们合作,在保留他很熟悉的这一类型的风味和原始能量的前提下,做一些新的尝试。

《美国摄影家》：他设计动作时是否会构思好特定的摄影机角度？

李安：是的。不过有时候,应该怎么拍非常明显,我可以自己设计镜头。然后德熹再检查一遍,确保没有问题——不要太丑——袁和平可能会有建议,可能关于镜头角度。他主要关注的是,他设计的动作场面得到最优呈现。德熹和我更相似,我们希望拍摄出最适合剧情、主题和影片的镜头。所以我们就镜头进行讨论、妥协,一般是我和德熹拍板。

《美国摄影家》：为了突出速度,有多少打斗动作是用慢速拍摄的？

李安：约一半，但是不会低于每秒二十帧。几乎所有腰部以上的镜头都没有用慢速拍摄。我们时常通过调整帧数突出动作。有时会用每秒五十帧去看清有些镜头中到底发生了什么。全身镜头我们一般用每秒二十二帧为画面注入能量，但我们不会像香港电影那样用二十或二十一帧，那会让人物的动作看起来紧张和好笑。

这部影片中的打斗场景不仅要让人兴奋，还要激起情感。如果看起来不真实，效果就大打折扣了。有些镜头中的动作如果看起来太慢，我们在后期制作时就用数字加快。但不幸的是，数字加工看起来就是数字加工！（笑。）帧与帧之间没有虚影的效果，所以动作看起来不连贯。解决这个问题可能需要非常复杂和昂贵的操作，我们没有那么多预算。所以我们尽量减少（数字技术的）使用，除非是为了让一个镜头中很短的一部分实现某种特定的效果。此外，我们（尽量）用摄影机进行调整。

《美国摄影家》：你提到拍摄是"打游击式的"。但拍摄前，你不用设计好大型动作场面的覆盖镜头吗？

李安：德熹会要大型动作场面的故事板，但是我们没有。我们尽量充分排练,但是到了拍摄地点,又全部都要改。不仅仅是怎么做可行、效果最好的问题,还要考虑演员的极限。计划可能赶不上变化。拍摄是很灵活的,一个镜头一个镜头调整,所以德熹要想方设法拍得让人感觉一切都是计划好的!

《美国摄影家》:你说拍摄《卧虎藏龙》让你的儿时梦想变成了现实。这部影片中有一直萦绕在你心中,终于成为现实的画面吗?

李安:有的,比如一些人物飞来飞去的片段,还有一些武打场面。最难的是追逐片段,人物从一个屋顶飞到另一个屋顶,摄影机从他们上方飞过,从上方拍摄他们的动作。拍摄这种动作场面时,钢丝如何设置、操作,袁和平先生非常熟悉。不过香港电影中没有类似的场面,主要原因之一是这么做代价太大——需要很多吊臂和平台,演员才能"飞起来",之后还需要用电脑特效去除钢丝。

用摄影机从演员上方拍,导致钢丝无处可藏。如果想要隐藏钢丝,也许可以从下向上拍,这样演员的身体可以挡住钢丝。有很多隐藏钢丝的土办法,比如用烟,或者在镜头表面的某一块区域涂凡士林,让其变得模糊。但是我的很多想法完全不切实际。此前从来没有人做我想象的某些事情,这是有理由的,我吃了很多苦头才认识到这一点。

《美国摄影家》:导演《卧虎藏龙》的动作场面和导演《与魔鬼共骑》的动作场面有何不同?

李安:《与魔鬼共骑》本质上是一部西部片,所以两者截然不同。不过有导演它的经验还是好的,因为我从中明白了特技危险又耗时,了解了需要为之做多少准备。不过武侠片与其完全不同,有自己的特点,需要用特定的方法去拍,所以很多东西我都要向袁和平先生学习。

《美国摄影家》:武侠片中的动作场面与众不同的两点是近距离的身体接触和动作的速度。

李安:非常快。但我认为这不是武侠片所特有的——而是与动作编排、拍摄手法和影片的视觉风格有关。

藏龙现身

《美国摄影家》:在成龙的电影中,他会将剧情融入动作场面。这是成龙电影中我一直喜欢的一点,有开始、发展和结束。

李安:剧本创作时必须这么做,计划好动作编排,然后按计划拍摄。看四分钟砰砰砰砰的纯打斗是很无聊的。没人想看那些。但特技演员们可以一连打上好几天!所以每个打斗场景都必须有吸引观众的主题和独特的拍摄风格。主题可以是某种特定的动作、叙事,或者单纯的麦高芬①,但是必须有吸引观众的东西。也可以用不同的武器和动作编排中不同的节奏来区分,让动作场面更有戏剧性。

《美国摄影家》:其他哪些武侠片对你有所启发?

李安:(笑。)所有!我从小到大都在看,看过很多,就连无聊的那些也都看过。但我一直喜欢早年的影片,如

---

① 麦高芬(McGuffin)是指在电影中可以推动剧情的物件、人物或者目标,例如众角色争夺的某种东西。而关于麦高芬的详细说明不一定重要,其作用是引导观众沉浸于电影体验。

邵氏兄弟的电影、袁和平的电影,当然还有李小龙和成龙的电影。整个类型对我都有启发,不局限于特定的影片或导演。不过整体上,这不是一个非常高雅的类型,一般都是爆米花电影,纯商业的。

《美国摄影家》:能聊聊在中国拍片和在美国或英国有何不同吗?

李安:好莱坞摄制组举世无双。我们团队的大多数工作人员来自中国香港,所以这很像在内地拍摄一部香港电影。中国对电影摄制有很好的支持措施,但是大家都要习惯美国的拍摄方式:技术、规模、效率、沟通程度、组织,以及团队的老练程度。而且,这是一部剧情片,也是一部动作片——一部电影结合了两种类型的特点——这一点导致在内地拍摄格外困难,因为故事需要剧组去各地拍摄。我们以北京为中心,很多取景地和布景在那里,但是我们去了距市区四小时车程的颐和园,以及需要十天才能到的新疆的戈壁滩。然后我们又花了一周时间,去中国南方的浙江省,拍竹林片段。我们是小预算的大制作。

《美国摄影家》：我知道，预算一千五百万美元的《卧虎藏龙》是在中国拍摄的预算最高的影片之一。

李安：实际上到手的钱没有那么多，但是和中国香港地区的大多数电影的预算相比，这已经是《泰坦尼克号》级别的制作了。在那里，三百万美元就是大制作了，所以他们不在剧情上花太多时间——他们把钱都花在动作场面的拍摄上！

"Enter the Dragon" by David E. Williams from *American Cinematographer* 82, no. 1 (January 2001).

李安挑战绿巨人

保罗·费舍尔/2003年

奥斯卡奖得主李安是好莱坞最独特的梦想家之一。这位导演成功将《绿巨人浩克》与其个人风格相结合,同时在一定程度上满足好莱坞对影片的期待。保持这种平衡并非易事,但李安做到了。他与保罗·费舍尔进行了对谈。

保罗·费舍尔(以下简称费舍尔):这部影片对市场会是一个挑战吗?

李安:对市场还是对我?我知道对我来说是。

费舍尔：在你看来，人们会对这部影片感到惊讶吗？

李安：我认为惊讶是好事。我本人并不喜欢"暑期"电影的概念——因为是大片，所以必须在暑期上映，只有这一种选择，在暑期或者圣诞节的档期上映。一定程度上，这是出于市场营销的考虑。对我而言，这是拍摄一部大片的机会，是一部系列（franchise）电影。我认为哪怕没有大明星，影片上映后也可能有强势的票房表现，这部影片需要赚很多钱，票房目标很高，所以必须营销。在我看来，我可以利用故事中现有的元素，影片仍然可以是导演表达的载体，因此我抓住了这个机会。它就像我的新《卧虎藏龙》——低俗的艺术作品，我们喜欢却不愿承认、上不了台面的爱好，可能有很多有意思的元素，可以与剧情结合（这是我一直以来的做法，未来可能也会继续），与人类体验和心理学结合。我很喜欢这部影片的背景故事。在我看来，这不是一部漫画超级英雄电影，而是一部恐怖电影。

费舍尔：是不是很难说服制片厂不用大牌演员、超级明星？

李安：不，完全不是问题。因为在《绿巨人浩克》中，CGI（计算机生成影像）才是最主要的明星，他的片酬是最高的，除此之外就不剩多少钱了。（笑。）他们和我一样喜欢用新人，这么做更令人激动。所以没有问题，我想让艾瑞克来演。

费舍尔：所以对于用CGI制作绿巨人，你心中没有疑问？

李安：一开始，我不知道这要如何实现。执行制片人拉瑞·弗兰科向我展示了《侏罗纪公园》中的画面是如何制作的，他刚刚参与了《侏罗纪公园3》的制作。他一个镜头一个镜头地给我展示视觉效果、所需时长、方法和手段、所需成本。然后，我们拜访了化妆公司和电子动画制作公司，我一路学习，不过CGI明显是最优选择。只有CGI能够实现我心目中的理想效果。

费舍尔：运用CGI会让你感到有些不安吗？

李安：我对其所知甚少，所以一开始不害怕，感到害怕时，我已经做了一半了。工业光魔公司（ILM）从来不对我说"不",他们说他们能做到。(笑。)是我们这边的制作人和监制在约束我。有些东西我不满意,我就是因此才亲自上阵饰演绿巨人。① 我不知道他们以前是怎么做的,导演不参与,动画制作人员通过照镜子或者用摄影机录像参考自己的脸。他们不是演员。CGI生成的人物时常不够真实,每次看起来都像一个不同的人,所以必须引入某种一致性,从参照我的表演开始。这要花好几个月的时间才能逐渐成形,很辛苦,是精工细作的手艺活,一点也不光鲜。这一切十分令人恐惧,但刚开始我并不知道情况是这样的。

费舍尔:你第一次听说绿巨人是什么时候?

李安:宣传《卧虎藏龙》的时候。当时这部影片刚在这里上映,得到了非常积极的反馈,然后很多大片都来找我。他们感觉我能给影片带来一些与众不同的东西。我想,既然我拍一部华语电影都能有这样的商业表现,说不

---

① 在关于影片前期制作过程的视频中,导演亲自表演他想要的绿巨人的神态举止。——原注

定也能在这个类型上有所作为。我认为香港电影的制作风格在当时特别时髦。这个项目是我的长期合作伙伴詹姆斯·夏慕斯找到的。

费舍尔：你的第一反应是什么？

李安：一开始我不知道这是什么。然后，我想起了卢·弗里基诺被涂成绿色、在慢镜头中发怒的电视剧。① 然后我去看了漫威漫画，所以没过多久就找到了感觉。它就像我的新《卧虎藏龙》，像在美国拍一部更宏大的《卧虎藏龙》。我喜欢心理剧，喜欢潜藏的攻击性，这是美国式的，也是普遍的。我喜欢潜意识有实体的表现形式，背景故事的布局极具心理剧的特点。

费舍尔：你看了所有漫画吗？

李安：看了很多。从必读系列②开始。然后我把所

---

① 指电视剧《绿巨人》(*The Incredible Hulk*)。
② 漫威必读系列(Essential Marvel)，漫威漫画出版的一条产品线，将一些早期漫画以平装本形式重新出版，包括多部《绿巨人》必读漫画。

有喜欢的部分都放在手边。

费舍尔：但相较于一部典型的暑期大片，这更是一部李安电影？

李安：是的。这一点毫无疑问。我必须证明我能够做到。

费舍尔：你参与影片的营销了吗？

李安：没有，那不是我的职责范围。那是全新的体验。我不想参与。我会参加一两次营销会议，那些会议排场很大。但我告诉他们我的界限。我只拍摄电影——这是我唯一在意的。我用我习惯的方式宣传影片，和记者交流，我只能做这么多。我不想聊电子游戏，不想做任何和衍生商品有关的事情。为了宣传暑期大片，他们必须做这些，这很好，但我对此一无所知，也不清楚具体怎么做。

费舍尔：在你看来，这种故事是当代神话吗？

李安：我将其视为当代神话。我从恐怖电影中借鉴了很多,弗兰肯斯坦、金刚、化身博士等,还有希腊神话和伪科学等各式素材。这是一种低俗的艺术,很有趣、刺激,不高雅,但绝对不乏味——取决于如何加工处理。

费舍尔:部分片段的分屏明显是漫画风格的视觉效果。有多少是事先画了故事板?

李安:都是通过剪辑实现的。我一开始就想这么做。这是我为了实现一直以来的心愿所找的借口。为何总是线性地排列镜头?为何不能模仿武打的编排?对画面进行编排,模仿漫画书的一页。打开漫画书,会看到页面设计中最显眼的部分。视线有路线,眼睛会看到不同位置的内容,选择阅读,视线前后移动。一定程度上,我们要解决的是:"我们如何在电影中实现这种效果?"所以我一直在考虑这么做。我们探索了各种可能性,但到了拍摄的时候,我们不知道自己在做什么。(笑。)而且摄影师不愿意妥协,为了确保最佳画质,他们希望尽量充分利用画面。如果为分屏预留了空间,最终却不这么做,画面的效果就会不佳,就必须进行剪切,看起来非常糟糕。所以最终,我选择用大量的摄影机尽可能多地拍摄,这让负责声音的工作人员十分头疼,因为他的麦克风可能会出现在最终被选中的特写镜头中。这很令人沮丧,你逐渐明白为什么其他人一开始就选择不这么做。但是在剪辑过程中,我们一点点实现了这种效果。

费舍尔:是什么让你认为艾瑞克·巴纳特别适合这个角色?

李安:我想在漫画书中,没有人想看布鲁斯·班纳,大家都想看绿巨人出场。班纳是失败者,很懦弱。不过通过简单的绘画,就可以向他注入一种忧郁。但电影不同。我希望找一位举手投足间有忧郁气质的演员,当然我总是想和好演员合作,而艾瑞克正是一名好演员,有共情能力。我看过他在澳大利亚影片《神鬼剁手》(*Chopper*)中的表演,那就是我心中的绿巨人。雷德利·斯科特非常友善地给我看了《黑鹰坠落》(*Black Hawk Down*)的粗剪版本和艾瑞克·巴纳出演的片段。《黑鹰坠落》的观众抱怨分不清人物,但我想你会记住艾瑞克的。他是我的选择,制片厂也非常喜欢他。

费舍尔:你会拍摄这部影片的续集吗?

李安:我不知道。第一部已经让我精疲力竭,我没有想过第二部的事情。

费舍尔:你拍过古装剧、以美国内战为背景的影片,以及武侠片。接下来你想做什么?

李安:我不知道。我想尝试不同的东西。我和妻子及两个儿子一起住在纽约。我会回家。现在我正处于摆脱绿巨人的阶段!(笑。)有点痛苦,肾上腺素水平逐渐下降,但我还没有考虑未来的计划。

费舍尔:据说你看到树都觉得恶心,因为是绿的,这是真的吗?

李安:绿色我确实看厌了。(笑。)他是CGI人物——我能怎么办?但确实有很长一段时间,我一看到绿色就恶心。

费舍尔:未来CGI人物会越来越多吗?

李安:用真人演员要便宜得多,相信我,包括大明星。

合作起来更容易,也更便宜。只要能让他们说台词,和真人演员合作要简单得多。

费舍尔:你在故乡度过了怎样的童年?

李安:我想可以说是压抑的,不是很有趣。所以我现在遭遇了中年危机——我在寻找乐趣。我父亲是高中——台湾地区最好的高中——的校长,我就上那所学校。我小时候非常害羞,听话,不出去玩,非常安静……补习,上学,学习,一直坐在那里,但并不是真的在看书,总是在走神。

费舍尔:影片的主题之一是基因工程。对此你怎么看?

李安:我想我们此刻正面对很多关于我们是谁的根本问题。我认为我们正处于一个关键时刻。从工业革命起,对科学的恐惧就一直存在。我认为弗兰肯斯坦是早期的一个例子。我们害怕自己造出会反过来伤害我们的东西、失控的东西。从戏剧角度来看,我对此是感兴趣的,因为人工技术释放了人的纯真和侵略性,赋予真正的自我以物理形态,很有意思。我不是科学家,但我们现在正研究用基因工程提升自我,拓展极限——这是事关我们身份的大问题。这是你,还是一台小型机器?我认为唯一的自我感就是回忆,所以这部影片有很多与回忆相关的内容。在人类的集体记忆方面,我认为我们面对着很多关于身份的形而上学的、根本的问题。

费舍尔:你相信上帝吗?

李安:我主要学习的是中国哲学,我们不怎么谈这个话题。举头三尺有神明,你都要尊敬,不能假装了解或者想象其是我等凡人创造的。我们不怎么谈这些事情。事实上,我把很多东西放在了影片里。大大小小的元素,与某物的平衡被破坏了。若干原子造成的大蘑菇云。

费舍尔:尼克·诺特对科学的热情和知识是否令你感到惊讶?

李安:是的,相当惊讶。我完全能够想象他出演这个角色。他是一名备受尊敬的演员,已经十年甚至十二年远离好莱坞,他只想拍小成本电影,他受够了。我不得不去找他，表达我的敬意，并向他推销这部影片。我去了他位于好莱坞的房子，那是我最哥特的体验。那里有他从世界各地收集而来的奇怪物品。我坐在壁炉边，五分钟之后，他说："你一定要上楼来看看我的血。"楼上是一间实验室，里面有几百个装着某种东西的瓶子，以及一个电子显示器。他戳破自己的手指，在显示器上看他自己的（血）细胞，他仔细地看了半天。我问他能不能把它们变成彩色的，诸如此类的问题，似乎对他颇有触动。然后我们下楼，又聊了一会儿科学。他本人和角色别无二致。他说："哦，现在是我拍戏间隙的放松期，我可以去健身。"我差一点就说出口："哦，别，保持现状，直接来拍……"他知道是绿巨人的电影，但不知道具体是什么角色。我跟他聊的是希腊悲剧，他很感兴趣。

费舍尔：你花了很多时间细化绿巨人应该是什么样子的。为何会这样？

李安：是出于必要和绝望。我想要向他们演示。这可能一定程度上也是我的童年——我没能做成的事情——的一种表现。我小时候总是恍恍惚惚的；很多人告诉我，我是他们认识的最魂不守舍的人。我总是在走神。没办法，我有注意力方面的问题，我说话或者看书时很快就会开始神游。

费舍尔：你最初是演员——为何转行？

李安：我说不好英语，就是这个原因。我来到美国，没法进入表演系。这让我非常沮丧。三年的课程，学员都是精英，因为我无法作为演员取得成功，所以我不太想登上舞台。然后我想，如果要当导演，我想当电影导演，那就是我的表演。我总是将电影视为我的表演。很长时间之后，我开始习惯在摄影机后做一名观察者，而不是被观察的对象。我用了很长的时间逐渐转变角色。最近，我的表演欲又有点以绿巨人的形态冒出来了。

费舍尔：艾瑞克·巴纳说你是一位有哲学家气质的导演。你对此怎么看？

李安：我不知道，可能是他们对我的看法。我想是我鼓励他们的方式比较抽象，然后在实际表演中落实，所以他们感觉自己创造了有趣的东西。我想我喜欢进行哲学思考,但拍电影的时候思考到了一定限度就要放在一边,然后看实际的效果;必须确保每个人都理解,否则一个概念就是死的,哲学就是做作的。有时候,我不喜欢称电影为"film",我喜欢更古老的名字"movie"——把本来在这里的人移(move)到其他地方,是动态的。

费舍尔:你想不想拍一部小成本影片?

李安:想。但现在我拍什么都很贵。所有人都对我叫高价。对影片的关注度也会更高。但是我渴望迎接各式挑战,我想要不受预算——无论是大是小——限制的自由。如果有机会,我确实想拍一部小成本影片。

费舍尔:希区柯克对你有影响吗?

李安:有,我喜欢他。他是我的偶像之一,以流行电影为伪装,拍了很多奇怪的东西,拍得特别好。我很欣赏他,不过如果我做同样的事情,就需要加入新的东西。如果用类似的方式表现弗洛伊德等主题,现在看来就太简单了。我希望有不同的角度。但他确实是我的偶像。

保罗·费舍尔原籍澳大利亚。如今,他是一名常居好莱坞的记者兼影评人。

"Ang Lee Tackles the Hulk" by Paul Fischer from *Film Monthly*, June 14, 2003.

策马山间

彼得·鲍文/2005 年

　　李安将推出讲述同性恋牛仔的故事的新片《断背山》。这个新闻一出,部分爱开黄色玩笑的人露出了坏笑,称影片为《放牧的同志》或《裸背山》。然而,影片今年在威尼斯电影节公映并获金狮奖之后,笑声消失了。很多观众甚至为之落泪。影片——预计今冬由焦点影业发行——以当代美国西部为背景,讲述了两个男人令人心碎的绵长的爱情故事。影片再次展现了李安拍摄非常传统且在文化上具有激进性的复杂人性故事的能力。

　　E. 安妮·普鲁创作的短篇小说最初于 1997 年刊载于《纽约客》杂志,拉里·麦克穆特瑞和黛安娜·奥撒纳读到之后深受打动,想将其改编成电影。在此后的七年中,这个项目在好莱坞被踢来踢去(一度说会由乔·舒马赫执导,后来又变成格斯·范·桑特)积灰的同时,也逐渐得到了更多人的欣赏,成为未制作的伟大剧本之一。最终,刚从拍摄两部复杂动作电影的疲惫中恢复过来的李安想起了这个项目,并说服制作人詹姆斯·夏慕斯和焦点影业(夏慕斯在该公司任联合主席)加入。

这个故事既温馨又宏大,围绕1963年夏一起在断背山牧羊的两位牛仔——恩尼斯·德·玛尔和杰克·特威斯特——展开。大山的壮美和孤寂为他们营造了浪漫又私密的空间,两人之间产生了说不清道不明又令人难以释怀的情愫。下山之后,他们分道扬镳。特威斯特成了一名二流竞技牛仔,在得克萨斯州各地漂泊,后来和一位富裕的农用机械零售商的女儿露琳(安妮·海瑟薇饰)结婚。德·玛尔留在了怀俄明州,娶了他的女友阿尔玛(米歇尔·威廉姆斯饰),努力安定下来,做一位牧场工人和父亲。后来,他收到了特威斯特寄来的一张明信片,断背山的夏天之后筑起的情感堤坝轰然坍塌。

此后,两人的爱情故事绵延了二十年,在此期间,美国发生的重大变化在西部乡村几乎没有引起一丝涟漪。但是随着人物年岁的增长,他们的故事也在改变。影片从一曲对美国西部和并不隐晦的同性爱欲的雄浑马背赞歌,逐渐变成了对爱、渴望和悔恨的沉思。李安在艺术指导朱迪·贝克尔和摄影指导罗德里戈·普列托的帮助下,想象出了分裂的美国西部。断背山中的日子象征着美国梦;山下衰败的乡镇是梦醒后的美国现实。上一次选举令人痛心地让这种撕裂显得分外清晰。

彼得·鲍文(以下简称鲍文):这是你第二部——第一部是《喜宴》——关注男同性恋者的电影。他们身上有何令你感兴趣的地方?

李安:我在中国长大,一直接受传统的观念、教育……相信父母等。我发现随着阅历的增长,我的三观有点被颠覆。我想,我二十三岁刚来美国的经历——那时我已经远离故乡,但我也不是美国人——让我意识到我过去是,未来也会是一个外国人,一个局外人。这让我很容易从不同的角度去看世界,异性恋主导的世界。在我的影片中,让我产生共鸣的总是局外人,比如《与魔鬼共骑》中托比（马奎尔）和杰弗里（赖特）饰演的人物。还有，我知道事情永远和我们听说的不一样。美国、美国内战，以及20世纪70年代，与我们听说的都不同。所以如果素材在我看来是真实的，又有不同的角度，和我们在公开场合或者媒体上看到的东西不同，我就会觉得很有趣。

鲍文：故事中的人物天生就有秘密。从叙事角度看，这一点有趣吗？

李安：是的，也存在某种困惑。可能现在在城市中，男同性恋者不会感到困惑。但是在这个故事的背景中，两个人物，尤其是恩尼斯，不知道如何形容，也不理解他们体验到的情感。当恩尼斯最终理解时，已经太晚了。他错过了。这让这个故事非常忧伤。在我看来，这也是一种普遍的感觉——我们人生中都曾错过某些东西。

鲍文：这也是经典爱情故事的情节，怀念已成往事的时刻，坠入爱河的那一刻。

李安：在我看来，这是真正的西部片的本质，那种讲述神枪手故事的类型电影反而不是。很多西部电影和文学实际上是在讲西部的消失,这赋予了它们一种挽歌的感觉。

鲍文:很多评论家坚称,西部片这个体裁就是在真正的西部——或者被我们视为狂野西部的东西——消失的那一刻诞生的。但这部影片讲述的是当代的美国西部。这个项目是如何开始的?

李安:剧本是詹姆斯(夏慕斯)发给我的,它作为潜在电影项目被传来传去。当时还是在好机器(制作公司)。他认为剧本有独到之处,但不确定能否实现。我读了原著,看到最后泣不成声。它非常特别,那种语言几乎令我感到很陌生。它几乎比我看过的任何西部片都更纯粹和特别。当然,很多好的元素来自安妮·普鲁的文字——很多难以搬上银幕的内心描述。然后,我读了拉里·麦克穆特瑞和黛安娜·奥撒纳的剧本,他们的改编让拍摄这部小说变得可行,对原著非常忠实。

鲍文:但你没有立刻制作这部影片。为什么?

李安：因为《绿巨人浩克》。我已经确定要执导那部电影，也听说有其他导演要拍《断背山》。完成《绿巨人浩克》之后，经历了两次漫长的拍摄之后，我精疲力竭。我想要休息一段时间，但是我因为自己在休息而感到抑郁。所以我问詹姆斯："还记得《断背山》吗？那个故事让我难以忘怀。它怎么样了？有没有被拍成一部好电影？"他告诉我还没有人拍。然后，想拍这部影片的冲动逐渐复苏。我知道我应该拍这部电影，如果不这么做，我一定会后悔。我拍电影的时候，总有这个剧本属于我、我也属于它的感觉。我会成为呈现它的工具，被它完全吞噬。

鲍文：你显然与这个故事建立了情感联系。你对故事发生的地方有感情吗？

李安：我只是作为一名游客去过。《与魔鬼共骑》可以算一部准西部片。只有最后一个镜头是在那种地貌的边缘拍摄的。我认为荒漠是浪漫的，尤其是在拍摄了《卧虎藏龙》和《绿巨人浩克》之后。但我对西部高山连绵的地貌并没有什么感情。我读原著甚至剧本时，脑中并没有对地貌的想象。我关注的是同性恋牧场工人，他们如何应对自己的情感,以及整个故事的忧伤基调。

鲍文:景色在影片中起到了重要的作用。这种画面是何时产生的?

李安:我一般是勘景的时候开始在脑中规划影片的画面和节奏。我去了两个地方勘景。我去了怀俄明两次,第一次的路线来自安妮·普鲁,第二次去的地方是拉里·麦克穆特瑞推荐的,在怀俄明更偏西的地方。他们对断背山到底在哪里有不同的见解。安妮认为是大角山(Big Horn Mountain),我第一次去的就是那里。麦克穆特瑞认为应该在更西边的地方。最终,我不得不在加拿大拍摄这部电影,所以我凭借记忆去找能体现怀俄明风貌精髓的取景地。

鲍文:为何要去加拿大?

李安:有好几方面的原因。有赋税优惠和工会的经济原因。还因为怀俄明没有电影制作行业,所有工作人员都必须从外地过去。

鲍文：在选角方面，希斯·莱杰和杰克·吉伦哈尔是你的第一选择吗？

李安：实际上，我读小说的时候心中有其他人选。但当我意识到时间流逝在影片中的重要性后，我决定用年轻一些的演员。

鲍文：因为让人显得老比显得年轻容易？

李安：是的。我先选中的是希斯——他天生非常适合恩尼斯——然后我选了杰克，因为我真的很喜欢他。但我有点担心他不够"像牛仔"，不够乡村。

鲍文：我觉得，吉伦哈尔和霍华德·霍克斯的《红河》(*Red River*)中的蒙哥马利·克利夫特很像，是那种英俊帅气的牛仔。

李安：他还有一种了然的神态，抬眼看过来的时候，眼中充满渴望——克利夫特在《乱点鸳鸯谱》(*The Misfits*)中也给人同样的感觉。

鲍文：也是发生在西部的现代故事……

李安：……也是关于西部的消失。

鲍文：这部影片你选择了和全新的团队——摄影指导、艺术指导、剪辑——合作。

李安：完成《绿巨人浩克》之后，我精疲力竭，所以我告诉自己，如果想要拍这部电影，为了忘记过去，我要和不同的人合作。我对以前的团队感到抱歉。他们一定程度上能理解，但我不认为他们真的完全明白我为什么这么做。你与合拍的人一起工作，合作一段时间，然后就需要接触新的东西。作为艺术家这么做是健康的，但有时会伤害朋友。

鲍文：经常合作的人会用彼此都熟悉的词语和简称进行沟通，而与新的人合作就不行，这对你来说一定很难。你和摄影指导罗德里戈·普列托是如何共同创造影片的视觉风格的？

李安：他以前从来没有拍过这样的影片。他擅长的是墨西哥电影——那种手持摄影的粗粝风格。我解释道，我们要一种安静的气质，和他以往在工作中创造的风格正好相反。

鲍文:这种视觉风格有没有受到其他西部片——如安东尼·曼恢弘的乡村史诗——的影响?

李安:相较于西部电影,我更多地参考了摄影和画作。说到美国西部,人们一般会想到安塞尔·亚当斯[①],但那不是我想要的。我看了其他作品,比如理查德·阿维顿[②]的《美国西部摄影集》(*Photographs of the American West*)。我还看了很多当代小镇的照片。他们用高对比度、古怪的取景和大量低处的阴影。我从这些照片中汲取了大量的灵感。我注意到他们很注重对天空的表现,会把镜头向上倾斜。

鲍文:画作呢?

---

① 安塞尔·亚当斯(1902—1984),美国风景摄影家,其主要作品关注的是美国——特别是西部——未被开发的荒野。
② 理查德·阿维顿(1923—2004),美国摄影师,因肖像和时尚摄影而著名。

李安：主要是经典西部画，比如哈德逊河画派①的作品。在云的表现及对比度方面，我参考了（19世纪的风景画家）马丁·海德。他的作品有一种温和的、不那么强烈的对比度。晚餐的场景我参考了爱德华·霍珀。希斯和杰克的父母见面的一幕则参考了安德鲁·怀斯②。

鲍文：你用风格上的对比区分山间和小镇上的生活。在剧情和象征意义上，你想做怎样的区分？

李安：山间的生活美好奇妙，现实生活则非常糟糕！至于故事中的变化，我告诉朱迪·贝克尔，我们是在一个时间仿佛静止的地方拍摄时代剧。我们在加拿大召集一千名群众演员拍摄怀俄明的牛仔竞技比赛时，什么都不用改，因为那里并未发生什么变化。

---

① 哈德逊河画派（Hudson River School）是美国最早的本土画派之一，因描绘哈德逊河沿岸的自然风景而得名，具有强烈的民族主义色彩。
② 安德鲁·怀斯（1917—2009），美国当代新写实主义画家，他的作品以水彩画和蛋彩画为主。

鲍文：服装和化妆方面呢？你怎么让演员显得更老？

李安：对于女演员，我们没法加皱纹，所以一切都只能靠头发实现。她们每次出现都是不同的发型和发色。

鲍文：影片既传统又激进，这很古怪。观众反应如何？

李安：很微妙。目前为止，这部影片的观众都相对懂行。我开始做这个项目的时候认为，鉴于主题及我对其的构想，最终的作品会是一部彻底的艺术片。早期的试映给了我如何微调的提示。我记得詹姆斯告诉我："现在是三个人掏出手帕拭泪，两个人去洗手间，我们的目标是四个人感动落泪，一个人去洗手间。"

鲍文：都是体液。

李安：影片在威尼斯首次公映时，我很惊讶。观众的反应比我想象的热烈得多。走进影厅时，他们称影片为同性恋牛仔（故事），后来他们就改口了，称之为爱情故事。有一名比较保守的观众感到不安，而那是因为看到帐篷那一段的时候，他并不觉得有什么问题。想到影片的受众会比艺术电影更广一些时,我感到紧张。营销会议上,我问詹姆斯能不能只在支持民主党的州公映,大家捧腹大笑。

"Ride the High Country" by Peter Bowen from *Filmmaker* 14, no. 1 (October 2005): 34-39.

情热风暴

丽贝卡·戴维斯/2008 年

李安的作品时常被描述为"冷"。《断背山》中无言、孤独的草原,《冰风暴》中冰霜素裹的树林和脱轨的人物关系,《卧虎藏龙》中让人物总是彼此分离的风格化处理,甚至《理智与情感》中压抑的社会传统,都对这种"冰冷"的印象有所贡献。但是,坐在我对面的沙发上、穿着休闲灰色套衫、个头不大的男士一点也不冷漠。他热情,谦虚,有魅力,最重要的是,对拍摄电影充满炙热的激情。

他拍摄最新长片《色,戒》时,便极大地受益于这种激情——生理上和情感上。这是《卧虎藏龙》之后李安拍摄的首部华语电影，改编自著名小说家张爱玲的一篇短篇小说。片中的故事发生在"二战"期间的香港和被日军占领的上海。影片讲述了这样一个故事：一个年轻女孩利用她的表演才能勾引与日方合作的特务机关的负责人，意图引诱他落入反抗组织的暗杀圈套。为了达到目的，她展开了一场虐恋的猫鼠游戏，在其中，角色不停转换，一切——包括她自己的身份——都不确定。

只有在卧室里，伪装才会尽数褪去，片中有三段时间很长的、毫不隐晦的、时常颇为暴力的性爱片段。这些拍摄难度极大、令人不适的片段用了十二天才拍完，让影片在美国被评为 NC-17 级[①]。这对于《色，戒》的发行是重大的打击，因为人们对 NC-17 级根深蒂固的色情印象，很多影院根本不愿放映这部电影。但是李安拒绝为了美国观众剪掉性爱场面，坚称它们对于完全理解这部影片是不可或缺的。

"影片的整个后半部分是这三段性爱场面串联在一起的。我们很早就拍摄了这几个场面，它们帮助我构建

---

① 十七岁及以下的观众禁止观看。

后面拍摄的内容。身体的具体角度帮助呈现人物的情感,以及他们在整部影片中的关系,也是对观众的引导。但是因为评级,影片会被视为相当于色情电影的文化产品,让观众去影院看这样一部电影很难。"

女主角(由新人汤唯出演)在影片中受到的攻击性和贬低性的对待,让人将《色,戒》与贝纳尔多·贝托鲁奇的《巴黎最后的探戈》(*Ultimo tango a Parigi*)相比较,在其中,玛利亚·施奈德在性方面被比她年长很多的马龙·白兰度征服。但李安否认这部影片是厌女的。"这个故事是女作家从女性的角度写的,王佳芝(汤唯饰)是一个强大的角色。我认为这是从新的角度探讨女性性欲,尤其是与一般由男性主导的政治对比。女性的角度就像是月球的背阴面:一直存在,但从来都不显露,至少在我的文化中是这样。"

在影片中,汤唯饰演的角色伪装成麦太太,从天真的孤儿女学生转变成了矛盾的蛇蝎美人。汤唯曾是环球小姐决赛选手,因出演中国戏剧和电视作品而颇具知名度,但此前没有出演过电影。所以她是如何在李安的指导下呈现令人信服的高质量表演的?"选她的时候,我无法考虑她的实力是否足够;我只能相信她,希望信念成为力量。只要她没有崩溃,我们就不断丰富她的人物。她一旦开始习惯套路和我粗暴的导演风格,我们就会在周末加压,因为必须有压力的刺激,她才会改变和进步。"

很难想象这么亲切的一个人也会有"粗暴"的一面。李安笑着说:"这是表面的粗暴。而且严厉是双向的。演员的目标和我是一致的。关键不是取悦我,而是他们是否能达到我设定的标准。至于汤唯,她是我从一万名女演员中挑选出来的,因为我觉得她很像我。"

李安说,是他对女性的认同和尊敬让他得以将女性置于残酷的情境之中。"我的文化中有这样的传统,如果遇到难以招架的事情,不知该怎么做,就想象自己是女人。我想这让我遇事时,相较于男性,更能认同女性。我不是很男性化。我不是梅尔·吉布森式的男人。"事实上,李安曾亲身体验过扮演传统女性角色的感觉。他没能考上大学,令做老师的父亲非常失望。后来,他进入艺术大学学习戏剧,并在纽约大学获电影制作硕士学位。但之后整整六年,他都处于失业状态。他的妻子微生物学家林惠嘉是四口之家(夫妇二人及两个儿子)唯一的经济来源,而李安则是全职丈夫。

1990年,李安的电影事业终于迎来了转机——他在中国台湾地区组织的剧本比赛中获一等奖和二等奖。但他最大的突破是受邀导演艾玛·汤普森编剧的、改编自简·奥斯汀作品的《理智与情感》。影片为他赢得了第二个金熊奖,还获得了七项奥斯卡金像奖提名。他接下来的两部作品——《冰风暴》和《与魔鬼共骑》——商业表现低迷。之后,他凭借复兴武侠史诗电影这一类型的《卧虎藏龙》,再次吸引了全球的观众,影片获奥斯卡金像奖"最佳影片""最佳导演"提名,并获得"最佳外语片"奖。然而,李安于2003年推出了改编自漫画、运用CGI技术的《绿巨人浩克》,影片遭遇票房滑铁卢,评论两极分化,让大多数观众感到困惑和有距离。

为此,李安身心俱疲,自信心受到打击,他后来承认当时考虑过提前退休。意想不到的人——此前对李安选择的事业几乎只表达过不满的父亲——鼓励了他。"如果是在拍电影和什么都不做之间选择,他可能还是希望我拍电影,"李安笑着说道,"所以他让我继续下去。"

幸好他没有放弃。李安的下一部作品"同性恋西部片"《断背山》征服了全球观众的心,也为李安赢得了奥斯卡金像奖"最佳导演"奖。"《绿巨人浩克》之后,我筋疲力尽,觉得自己很不健康,但是《断背山》让我找回了活力和对拍摄电影的热爱。我没想到它会大获成功。我以为人们不会关注这部影片。我非常喜欢素材,所以只想享受拍摄这部影片的过程。"

这位电影人对各种类型都有所涉猎,从时代剧到漫改,再到牛仔电影。他接下来有什么计划呢?网上有传闻说,李安同意执导根据让·戴尔的戏剧作品改编的影片——他的长期合作伙伴詹姆斯·夏慕斯的最新项目《棋盘人生》(*A Little Game*)。但李安坚称他还没有计划。

"同意参与一个项目之前,我必须对其有足够的热情。不过,可能性最大的还是再拍一部改编电影。"对于一位显然颇有才能的编剧而言,热衷于用他人创作的素材似乎有点奇怪。"我相当懒,"导演解释道,"我更愿意去找现成的优秀文学作品,把创意拿过来。我认为写作的过程非常孤独和苦闷。我尝试写作只是因为,我年轻的时候没有人愿意给我剧本。当时,我尚未赢得执导其他剧本的权利。"通过影片中一对情侣的角力,《色,戒》高明地重现了中国历史上最动荡不安的时代之一。

克制的节奏确保每个场景——无论是平淡的还是戏剧性的——都充满恐惧与悬念,激发了演员细腻而入木三分的表演。然而,李安担心他的努力不会被今年的奥斯卡金像奖所认可,因为影片发行受限,而且参评"最佳外语片"的申请也被驳回。根据美国电影艺术与科学学院(Academy of Motion Picture Arts and Sciences)的说法,"参与影片制作的华人数量不足",因此该片不具备相应资格。

不过李安说,相较于个人荣誉,他更在意观众对他的电影所传达的讯息的理解和反应。"我希望《色,戒》激起观众对自我更进一步的审视——不仅是我们的性欲或者动机,还有我们对世界的看法。这就是中文里的'色'。它不仅仅指'爱情'或'性爱',而是指一切有颜色的东西,是一种被视为现实的现象——包括你觉得真实的情感——一种对真相的反映。

"我并没有给出什么答案,而是邀请观众审视自我和自己行事的动机,剥开外皮,看到潜意识。每个人都有自己的欲望,让我们看看它是什么。"《色,戒》目前已公映。

"Firestorm" by Rebecca Davies from *New Statesman* 137, no. 4878 (2008): 34-36.

残酷计划

尼克·詹姆斯/2008 年

在李安的最新作品《色，戒》中，动作激烈的情色场面与 20 世纪 30 年代末繁华的香港和上海构成了华丽躯壳，其中包裹着一个在万事皆有伪装的社会中发生的故事。尼克·詹姆斯和导演探讨了影片与他的中年危机有何呼应。

李安右手托腮，跟我寒暄。我担心他是不是哪里痛（牙痛？宿醉？），但因为采访时间有限，我什么也没说。这是一个灰蒙蒙的周一早晨，我们在伦敦的苏荷酒店。第五十一届伦敦国际电影节的首个周末可能颇为累人。李安出色的新片《色，戒》刚刚盛大公映并取得良好反响，其中,梁朝伟和汤唯两位主演的写实的性爱场面则令部分人感到意外。

这种有些令人疲惫的采访氛围与《色,戒》截然不同。《色,戒》捕捉到了1938年到1942年间在表面繁华却危机四伏的香港和上海戴着假面活动的人们看似充满活力的光鲜生活。新人演员汤唯饰演王佳芝,一位在上海出生的学生,在香港做演员。她主演的爱国政治宣传戏剧旨在呼吁国民反抗日本侵略者。汪精卫领导的通敌人员到达香港后,剧团的领袖邝裕民(亚洲流行歌手王力宏饰)招募王佳芝加入了他刚刚成立的游击队。邝裕民希望游击队暗杀汪精卫的部长之一易先生(梁朝伟饰)。王佳芝伪装成一位失意的已婚妇人,并成为易先生的恋人,她必须用演技把易先生引进死亡圈套。为了确保计谋奏效,她必须先和游击队中唯一有性经验的男孩——一个逛妓院的粗野家伙——做爱以摆脱处子之身。

这些及其他很多信息都是通过闪回叙述的。影片从1942年的上海开始,当时精通世故、化身麦太太的王佳芝即将最终背叛易先生。在大结局——影片又回到这个时刻——之前,我们会看到麦太太坐在易太太的麻将桌边闲聊，表面的礼貌背后是几乎不加掩饰的、社会地位不平等造成的恶毒。我们会看到，最初尝试诱杀易先生的行动以血腥的混乱收尾。我们还会看到王佳芝和她看似残酷的情人的性爱场面，充满激情，风格写实，姿态各异。

影片改编自张爱玲的短篇小说。和李安的前一部作品《断臂山》一样，影片对文学作品进行了扩充，而不是像一般改编自长篇小说的影片那样对小说进行缩减，因此具备一种细腻而令人心碎的魅力。两部影片都在关注我们刻意隐藏的东西，以及它们如何扭曲我们的生活，不过这部新作似乎更关注克制激情、保持冷漠，而《断背山》则聚焦于从被迫的情感麻木中寻求解脱。《色，戒》情感上可能没有《断背山》温暖，这其实是谍战片的特点，这种特质在这部影片中加强了情节剧的静谧却骇人的效果。

采访结束后，我问李安下巴是不是不舒服。他说没什么不舒服的：只是拍摄《色，戒》期间，他开始习惯性地做这个动作。希望他不是在伪装。

尼克·詹姆斯（以下简称詹姆斯）：《断背山》角逐奥斯卡金像奖引起的轰动，是不是你选择接下来在中国制作华语电影的原因之一?

李安:那并不是我想拍《色,戒》的全部原因——事实上,宣传《断背山》时,我就已经在准备《色,戒》的剧本了。回想起来,两部影片就像姐妹片。我四十五岁,因为实现了儿时幻想的生活而开始经历中年危机。所以我开始进入过去我从不关注的领域,也就是爱情电影。两部影片的原著都只有三十多页,都是勇敢的女性创作的不可能圆满的爱情故事。尽管《断背山》之后,我确实不想再拍一部美国电影,但那不是主要的原因。

詹姆斯:对于你的中国观众而言,张爱玲的小说代表什么?

李安:她可能是最受人喜爱的中国现代作家,大多数人都读过她的很多作品。她最著名的作品写于20世纪40年代早期,她还不到二十五岁的时候……

《色,戒》是一篇很少有人读过的短篇小说,我也没有读过。我大约三年前发现了这个故事,它让我怀疑:这真的是张爱玲写的吗?她总是写神谕式的宏大庄重的故事,而这篇小说没有这种感觉。这个短篇写得非常简洁无华,几乎像一部老的黑色电影,很奇怪,很残酷,几乎令人无法承受。

这是她短篇小说中唯一关于她自己,关于是什么扼杀了她的爱情的作品。她爱上并嫁给了与日本侵略者同流合污的、"汪伪国民政府"的一名高级官员,两年后又被他抛弃……她隐藏这部作品多年,修改了一遍又一遍,动笔和最终发表中间相隔二十五年。这个故事吸引我,不是因为我想要改编张爱玲作品,而是因为《色,戒》和她的其他作品不同。她其他相对典型的作品曾多次被改编成电影——尽管在我看来,它们过于尊重原著,所以都不成功。

詹姆斯:你做了很多改动?

李安:在故事的精神方面,并没有。我只是对其进行了扩充,试图填补缺口。我的编剧伙伴兼制作人詹姆斯·夏慕斯提出了两处明显的改动——没有中国人会提出这种改动。一是易先生躲过他们的暗杀之后,王佳芝的组织在香港暴露,组织中的男孩们必须杀死叛徒。这不仅是向影片中间引入动作,并将影片分为前后两个部分——我将其视为两部不同的电影——也是男孩子们的成人礼,就像为了扮演一个商人的不忠的妻子,王佳芝必须失去处女之身。詹姆斯的另一个想法是把陷阱设在影片高潮两次出现在其中的珠宝店。当然,我们也扩充了性爱场面:张爱玲有所暗示,但没有详细描写。

詹姆斯:我们此前从未看过你拍如此毫不隐晦的画面。这么做也是因为中年危机吗?

李安:更像是后中年危机。我真正的中年危机出现在拍摄《卧虎藏龙》和《绿巨人浩克》的那五年。拍摄《绿巨人浩克》期间,我有点崩溃:我不得不承认自己已经不那么年轻了,而欲望是我必须正视的东西之一,不再压抑,不再羞于应对。

经历中年危机之后,你必须选择什么是最重要的。直面欲望是炼狱一般的经历。要违背我表层的本性,去面对更深层次的、潜意识中的欲望。不过我认为这是很有价值的,从某种角度看,这很东方。性行为的心理学源自西方,但中文里的"色"不仅仅指性欲,还指对生命和颜色的渴望,是自己的欲望、观点和动机的投射。但必须小心,因为任何激情——性或者做好事的渴望——都可能让我们变得愚蠢。戒,则是理性的。所以,片名《色,戒》其实和《理智与情感》是同样的模式,而且《色,戒》其实也正是戒指——钻戒——所象征的爱情和约束。

詹姆斯:唐纳德·里奇有一本解读日本美学的很美的小书。我希望关于中国审美也有类似的作品。

李安:使用表音语言的人和使用字的人,比如中国人,有很大的区别。中国的文字系统更像电影,像蒙太奇,像用画面和声音作画。字的形状是有意义的,所以看到就会在脑中引发联想。中国人看到用逗号隔开的"色""戒"两个字时会有震撼的感觉。

詹姆斯:影片似乎描绘了几乎无法掩盖真相的一种表象,所以整体风格要深浅结合。

李安:影坛有很多值得借鉴的东西,其中之一便是类型电影。我看了黑色电影,不过我想寻找新的方式,借鉴的是景深和颜色,而不是用大量的影子。我借鉴的另一种类型是我小时候看的爱国情节剧。会让人迷失在谜题中的黑色爱情老电影——《罗拉秘史》(*Laura*, 1944)和《美人计》(*Notorious*, 1946)等影片——同时具备这两类元素。《色，戒》中的人物会模仿这些影片：无论是排演让观众群情激昂的爱国戏剧，还是王佳芝看加里·格兰特和英格丽·褒曼，学习他们的态度，模仿他们。相较于40年代晚期——希区柯克之后——愈发阴鸷、不再情感充沛的黑色电影，我更喜欢那些浪漫、夸张的作品。

詹姆斯：也有谍战片的元素。

李安：融合了不同的元素。有游戏的层面，也就是"色"（包括性爱），也有深层次的心理层面。打麻将的片段就是麻将桌上的刀光剑影。但如果影片被说成谍战惊悚片，我会感到紧张。情节没有纯谍战片那么紧凑，而内心戏意味着每个部分都会比较长。如果告诉英国观众，《色，戒》属于谍战片类型，他们可能会产生影片无法满足的期待。

詹姆斯：对于中国人来说，那是一个惨剧频发、国破家亡的时代；对于西方人来说，它却充满异域情调。影片很美，极富诱惑力，你似乎让人们对那个时代的两种印象相互碰撞。

李安：在西方人的眼中，上海是一座罪恶都市，是东方的卡萨布兰卡。所以我确实有这种意识。而且一旦将旗袍加入影片之中，现代旗袍（裙子更短，而且是短袖的）搭配西式的帽子和风衣，就一定会有异域风情，甚至中国观众也会有这种感觉。穿着旗袍迈不开步子，穿着风衣又让人想要昂首阔步，如何处理这种矛盾？不过我是有所保留的，我不希望时尚风格喧宾夺主。

詹姆斯：我感觉，你对影片会朝什么方向发展的担忧，对你的决策有影响。

李安：我经常这样。如果是拍一部标准的类型片，我总认为有比我更了解这个类型的人存在——至少是我的制片人和部分观众。然后，影片就变成我必须按要求交付的产品，让我感觉自己是一名工匠。这没什么不对——工匠也可以制作出伟大的艺术品，而我是一名狂热的电影学习者：我感觉我想要永远做一名电影学生，有人花钱雇我学习如何拍电影。但如果触及了某个体裁，我就一定要有所突破,否则我会感到不安——感觉自己不仅没有尽最大努力,还臣服于现有的规则。

詹姆斯:你再次与长期合作伙伴詹姆斯·夏慕斯合作华语电影。这对他来说是不是一个挑战?

李安:每次拍华语电影,在某一个阶段,我都想远离他。(笑。)在某个时刻,他会想读剧本,因为他会是制片人,也是我的电影的最佳发行方。然后他就会读翻译的,或者说因翻译而打了折扣的剧本,形成自己的理解并提出意见。有些我能接受,有些不能。所以剧本有他的贡献。提意见最好的方法是直接修改剧本,而不是写六十页的笔记。

从中国电影文化的角度看,我的想法是可以接受的——然后詹姆斯会帮助我。电影文化毕竟是西方人——主要是美国人——发明的。在有些方面他们确实技高一筹,如结构,以及我从类型电影中借鉴但理解不够的一些风格。这一切不仅来自电影语言,还来自文化,来自文字和态度的微妙区别。一些完全正常的中文台词翻译后会听起来很愚蠢——她为什么问这个问题?她是不是笨?

所以考虑过后就会发现,詹姆斯一般都是对的。我知道和他争论赢不了,所以欣然让步,尽管有时并不情愿。他加深了我对自己的文化的理解。通过和詹姆斯合作,痛苦地反复斟酌——有时甚至会反复五六次——我得以集东西方文化之精粹。从1994年的《饮食男女》开始,我们就一直在经历这个过程——每一部影片的效果都会比上一部更好,我指的是我接受他的想法,并加工成地道的中国味。但这么做可能会影响影片的普适性。

詹姆斯:你作品的重要特点之一就是能够在不同地区受到欢迎。

李安:随着工作关系的改善,你会发现更多的文化差异。拍英语电影时,这不是问题,因为詹姆斯和剧组的其他成员知道应该怎么说,而亚洲观众习惯读字幕,去寻找有意思的东西。但反过来就更难,相较于英国,在美国更难,因为如果观众不立刻理解,他们就会失去兴趣。

詹姆斯:你一直想请梁朝伟饰演易先生吗?

李安：前期制作开始之前一年，他在纽约宣传《2046》时，我请他吃了晚饭。我和他聊天的时候开始觉得，他可以是易先生，尽管现实中他是完全相反的人格，更像他以前饰演的一个人物。

詹姆斯：影片很好地彰显了他的人设。

李安：在王佳芝放他走之前，我鼓励他展现正常的一面。我认为他和所有人一样，内心深处藏着叛徒或恶棍，所以他做的一切都是为了掩盖他的渴望。如果我让他凶神恶煞或者面无表情，做出反派的样子，并不会有好的效果。

詹姆斯：他会令人产生同情——对恶魔的同情。

李安：在收录《色，戒》的文集的前言中，张爱玲写道，我们最好不要理解反派，因为理解是原谅的开始。但别忘记，作为一名中国作家，她常常不得不说反话。不能说："哦，她没有这样写性爱场面，所以我们就不能这么拍。"因为中国文学的艺术有一半在于藏，在于不把真正想说的写出来。我认为她爱这个男人，所以才写了一个非常残酷的故事,而且说我们不应该理解他。这至少是我的解读。

詹姆斯:你是怎么找到饰演王佳芝的女演员汤唯的?

李安:这是她首次出演电影,我们面试了一万名女演员才找到她。我自己看了大约一百名演员,而汤唯默默无闻。性情上,她很像书中描写的王佳芝——她像我父母那一代人,现在这是很少见的。她不是令人惊艳地漂亮,但她读剧本的表现最优秀,而且有某种气质。最重要的是,她就像女版的我——她让我有强烈的认同感,我仿佛找到了真我。所以,我对故事的主题有一种个人化的认同感,我认为她的某种气质和我非常接近。

"Cruel Intentions" by Nick James from *Sight and Sound* 18, no. 1 (January 2008): 47–50.

根据真实同性恋故事改编

大卫·科尔曼/2009 年

四十年前的夏天,两次重大事件发生在相距仅一百英里的两个地方,但它们也仿佛发生在不同的星球。现在,《断背山》的主要制作团队改编了埃利奥特·台伯的回忆录《制造伍德斯托克音乐节》,在这部引发争议的新片——一部喜剧——中,将石墙事件①的精神注入了伍德斯托克音乐节。

1969 年,一本名为《同性恋圈子指南》的小册子直接

---

① 石墙事件被认为是美国乃至世界现代同性恋权利运动的起点,这是第一次有同性恋者拒绝警方的逮捕,发生地为纽约一家名为"石墙"的同性恋酒吧。

地警告游客在曼哈顿格林威治村寻找爱情的潜在危险。"不要把'嬉皮士团体'和'同性恋团体'搞混。"小册子警告道,"这个地区有很多嬉皮士,虽然他们的穿衣风格类似'同性恋',但实际上,他们对任何同性恋的求爱都颇为反感。"

那个春天,埃利奥特·台伯不需要这种警告。尽管这位当时三十四岁的装修工是格林威治村的常客,但他和嬉皮士们几乎没有交集,对他们——他们的价值观、服饰和音乐——也没什么兴趣。两个群体在文化上唯一的交集,他回忆道:"可能是同性恋酒吧里的点唱机播放的詹尼斯·乔普林的歌曲。"

随后夏天到了。他说道,夏天第一个真正的周末开始时,他在克里斯托弗街上他最喜欢的石墙酒吧喝酒,一切都还很平静。但当警察出现,进行例行突击检查时,台伯说,他和酒吧的其他顾客开始反抗,引发了一场暴乱。几百名年轻的男同性恋者涌入谢里登广场,投掷瓶子并掀翻警车。那个夜晚永远地改变了他的一生。

而台伯在那个夏天帮助实现的另外一个活动——为期三天、嬉皮士聚集的伍德斯托克音乐节——似乎在开始之前就改变了世界。台伯2007年的回忆录《制造伍德斯托克音乐节》略显散乱但仍旧迷人,描述了音乐节前焦躁不安、愈发疯狂的几周,当时台伯——经过一系列比小说还要离奇的机缘巧合——力挽狂澜,在最后时刻为音乐节提供了场地和许可。如今,这个故事被改编为一部引人入胜的同名新电影,该片剧本由焦点影业的首席执行官詹姆斯·夏慕斯创作,李安担任导演。影片删去了石墙事件和台伯的同性恋城市生活,但表明嬉皮士自由相爱的信条也适用于同性恋者,将两个独立事件的精神融入一个动人的故事。声名鹊起的喜剧演员兼作家迪米特利·马丁饰演台伯,影片于8月28日上映。

这是李安和夏慕斯合作的第三部同性恋主题的影片,顺便一提,他们两人都拥有幸福的异性恋婚姻。李安执导了《喜宴》和《断背山》;夏慕斯的焦点影业制作了《断背山》和《米尔克》(*Milk*)。但这个项目最初引起李安注意的,不是回忆录中的男同性恋主人公,而是台伯。李安最初在一档清晨新闻节目中认识了台伯。

"我连拍了六部悲剧,"李安说道,"《色,戒》是压垮骆驼的最后一根稻草——让我感觉身体被掏空。多年来,我一直想拍更温馨一些的故事——喜剧。我在旧金山宣传《色,戒》时,埃利奥特正好是我后面的嘉宾。他花了两分钟时间向我推销这个故事,并送了我一本书。"

不过导演没有立刻咬钩,还把书弄丢了。没有收到回复的台伯调转方向,联系并说服了夏慕斯。

台伯的坚韧不难想象。他过去四十年有时住在纽约,有时住在比利时,与安德烈·埃诺特(比利时编剧、导演,于 1999 年去世)一起。但现年七十四岁的台伯仍不失生于本森赫斯特的纽约人的地道气质,像梅·韦斯特①和梅尔·布鲁克斯②的奇妙合体。他非同一般的人生和个性在回忆录中得到了充分体现,北方的故事尚未开始,书中就记录了他师从汉斯·霍夫曼③学习画画、和罗伯特·梅普尔索普④虐恋交欢,以及和马龙·白兰度共度暧昧夜晚等事件。回忆录里的素材,夏慕斯不动声

---

① 梅·韦斯特(1893—1980),美国演员、编剧。
② 梅尔·布鲁克斯(1926—),美国演员、导演,曾创作、出演多部经典喜剧电影。
③ 汉斯·霍夫曼(1880—1966),美国画家,最早的抽象表现主义艺术家之一,喜欢用丰富的色块作画。
④ 罗伯特·梅普尔索普(1946—1989),美国著名艺术家、摄影师。

根据真实同性恋故事改编

色地打趣道:"够拍二十部电影。"

但夏慕斯和李安决定只关注主线,摒弃了台伯故事中犹太人和同性恋色彩过于浓烈的很多元素。〔想象如果有以下片段,美国电影协会(MPAA)将有何反应:犹太人埃利奥特和梅普尔索普从一家皮衣酒吧①回到后者的家,埃利奥特发现这位摄影师的顶楼公寓里挂着一幅巨大的纳粹旗帜,却仍选择留下来过夜。〕

改编后的情节很像诺曼·贝茨②的故事,但最终是大团圆结局:一个悲惨、古怪、在性方面有强烈的自我厌恶感的男同性恋者被拴在专横的母亲——和她濒临破产的旅馆——身边,但最终化解危局。与现实的相似性仅限于此。1969年,台伯在纽约做装修工和油漆工,并在纽约州白湖过周末,为了改善他父母生意惨淡的汽车旅馆的经营情况,挖空心思——建游泳池!请业余剧团!每年举办音乐节!一切努力都以失败告终。汽车旅馆7月就要被收走,而台伯恰巧在报纸上读到,纽约州沃基尔

---

① 皮衣酒吧(leather bar),身着皮制服饰的男同性恋者经常光顾的酒吧。
② 诺曼·贝茨是希区柯克的影片《惊魂记》(*Psycho*)的男主人公。

有一个音乐节失去了举办许可。因此,台伯——已经为他计划举办的音乐节申请了许可——拿起电话,主动提供帮助。这第一通电话引发了蝴蝶效应:他邻居的农场成了音乐节的场地,他父母的汽车旅馆(贷款问题已经解决)则被组织方接管,用作工作总部。同样向这里涌来的,还有乘坐一辆又一辆大众巴士,在音乐节开始前几周就到达白湖的自由灵魂。影片是一部20世纪30年代风格的神经喜剧,其中,一个即将窒息的人在求救——然后伍德斯托克出现了。

"我认为,这部影片中迪米特利饰演的埃利奥特·台伯是我(和夏慕斯)共同创作的。"李安说,并解释道,台伯原本同性恋特征明显的表面人格,在影片中被转化为喜剧演员所称的"普通人"的设定。注意,并不是异性恋,只是随着伍德斯托克愈发疯狂,能让观众有认同感的一个普通人。"我们的主人公是普通人,我喜欢这个设定。"夏慕斯说道,"同性恋者就不可以是普通人吗?"李安在素材中看到了一个熟悉的人物,他了如指掌的人物:充满激情又矛盾纠结,因形势所迫采取行动,表明立场,做出选择,就像满腔放射性怒火的绿巨人,或断背山上内心矛盾

根据真实同性恋故事改编

的牛仔恋人。

"美国人喜欢英雄,"他说道,"美国人喜欢明确自己立场的人。而我并非如此。那些试图保持绝对平衡,为了一团和气、相安无事,尽力忍耐的人物,会引发我的共鸣。这样的人物无法做决定。他们不愿冒犯任何人。这是他们的魅力,也是他们的弱点。"

音乐节出人意料地成功举办——这个极富喜剧色彩的、奇迹般的故事对李安很有吸引力。他最初认真研究伍德斯托克及孕育该运动的文化,还是拍摄《冰风暴》时。这部影片的故事发生于1973年,围绕居住在康涅狄格州市郊的几位百无聊赖的自由派人物展开。李安将那个时代视为"一种1969年后的宿醉"。

但是阅读台伯的故事后,他想要探索这一事件所代表的理想主义。1969年夏天,李安十四岁,生活在文化上非常压抑的故乡。他记得留长头发的孩子在街上会被赶去剪头发。在这样的世界中,李安对嬉皮士和伍德斯托克只有微弱的印象,但他自己被困在传统内和传统外的感觉日渐强烈。当他决定成为一名电影人时,这种感觉进一步加强,因为他的学者家庭并不支持他的梦想。

"这是给家里丢脸。"他说道。他在早期的喜剧作品《喜宴》中,将矛头直指这种体系的不公和虚伪。

李安(用有限的预算,借助电脑动画,把六千名群众演员变成五十万人)重现了伍德斯托克音乐节。他说自己现在仍旧能够感受到那种极富感染力的嬉皮士乐观主义,这种感受甚至比开始拍这部影片前更强烈。"他们播下了很多美好的种子,指出了很多如今我们更加认真对待的问题。"他说道,"现场有五十万人,却没有一起暴力事件,这就很神奇了。这样的事情可能是空前绝后的。世界能够在一夜之间改变的想法是天真的。但凝聚这场运动的初心和意图无与伦比。"

尽管音乐节带来了不少好的影响,举办时间和石墙事件发生的时间很相近,但李安也表示,他清楚伍德斯托克的参与者的人口组成和观念与同性恋权利运动的参与者差别很大。直到今年重排时,提倡自由爱情的1967年百老汇著名音乐剧《毛发》(*Hair*)中的伍夫这个角色才被改为公开的同性恋者。直到最近,这部音乐剧的主创之一詹姆斯·拉多才透露,他和他的写作搭档杰罗姆·拉格尼在60年代是情侣关系。

根据真实同性恋故事改编

同性恋骄傲游行(Gay Pride)过后的清晨,在西村一家时髦的咖啡馆,台伯一边吃早餐一边回忆道,影片完成后,李安和夏慕斯为他安排了一场放映。夏慕斯和李安在放映厅外面等台伯,他出来后,脸上全是泪水。他们问:"你不喜欢吗?"台伯回忆道:"我说:'你们是在开玩笑吗? 影片太美了、太感人了。'就是那时,他们告诉我,他们很庆幸讲述了这名男同性恋者的故事——他遇到了所有这些麻烦,但不仅幸存下来,还功成名就,并改变了世界。"

在影片的最后,埃利奥特(马丁以绝妙的克制演出了他不外露的古怪)与父母告别,并动身前往旧金山——那儿有哈维·米尔克[①],以及同性恋权利运动的未来。现实中,台伯买了一辆凯迪拉克,搬到洛杉矶,在电影行业寻找工作。电影对他的表现没有现实中那么张扬。当然,现实永远更加真实——一贯如此。尽管石墙事件的愤怒、砖块和酒瓶没有在影片中出现,那种解放的精神却

---

① 哈维·米尔克(1930—1978),美国同性恋运动人士,也是美国政坛中第一个公开同性恋身份的人。

被充分地传达出来。伍德斯托克无政府主义的快乐仿佛响应某种召唤,从天而降,给了孤独的同性恋青蛙王子一个吻,让他获得自由。无论怎么看,这都是一个无限美妙的童话故事。

"Based on a Truly Gay Story" by David Colman, originally published on Advocate.com, September 2009. Copyright © 2009 Here Media Inc.

关于《制造伍德斯托克音乐节》

约翰·希斯科克/2009年

在电视新闻上看到伍德斯托克音乐节的录像画面时,还是学生的十四岁的李安正在保守的故乡备考。

"有头发很长的男人,有人弹吉他,人山人海。"他回忆道,"我相当迟钝、用功,不太酷,但我能看出有大事正在发生。"李安二十四岁搬到美国之后,这些画面依然伴随着他。

"观察美国和世界的改变对我很重要。多年来,伍德斯托克被歌颂和浪漫化,成为乌托邦的象征。"他说道,"这是我们对纯真年代的集体记忆的最后一页。后来情势急转直下,昨日再也不会重现。"伍德斯托克过去三个月之后，加州阿尔塔蒙特（Altamont）的一次音乐节——有滚石乐队演出——上发生了暴力事件，这场活动由地狱天使①成员负责维护秩序，最终四人死亡。

李安遇到埃利奥特·台伯后，决定围绕伍德斯托克那关于和平、泥水、爱与音乐的三天拍摄一部影片。台伯将马克斯·雅斯格位于伯特利（Bethel，而非伍德斯托克）的农庄作为音乐节的场地。当时，他正在电视脱口秀上宣传他深情的回忆录《制造伍德斯托克音乐节》。

李安和他的长期合作伙伴——编剧兼制作人——詹姆斯·夏慕斯改编剧本时，淡化了台伯对其在纽约的同性恋方面的探索的详细描述，聚焦音乐节前发生的相关事件。台伯的父母在纽约上州的卡茨基尔（Catskills）拥有一家破旧的汽车旅馆。本来要在附近举行的一次音乐节失去了许可，台伯听说此事后，打电话给音乐节的推广者迈克尔·兰，并提出将汽车旅馆给组织者们使用。很

---

① 地狱天使（Hells Angel），全名地狱天使摩托车俱乐部，1948年创立于美国加州，多数成员为骑哈雷戴维森摩托车的白人男性，该组织被执法部门指控涉嫌犯罪活动。

关于《制造伍德斯托克音乐节》

快,兰手下的员工就搬进了汽车旅馆,还有五十万人正在赶来的路上,他们中的大多数携带的毒品比野营装备还多。台伯(由鲜为人知的单口喜剧演员迪米特利·马丁饰演)发现自己被卷入了一次事件,它定义了一代人,永远改变了他的人生和美国文化。

"这不是一部音乐节电影;其讲述的是想要去参加伍德斯托克的现象。"李安说道,"这个故事的主题还包括解放、诚实和宽容——以及一种不应也不能失去的纯真精神。

"连续制作了好几部悲剧电影之后,我想拍摄一部喜剧,不带讥讽色彩的。拍一部关于伍德斯托克的喜剧可能是个奇怪的想法,但素材有点古怪,在我看来适合拍摄喜剧。"原声音乐包括20世纪60年代音乐偶像——感恩而死乐队(Grateful Dead)、大门乐队(Doors)、杰斐逊飞机乐队(Jefferson Airplane)和乡村乔与鱼乐队(Country Joe and the Fish)——的作品,以及新录制的里奇·海文思的《自由》("Freedom")。

李安于1995年拍摄其首部英语电影——改编自简·奥斯汀的《理智与情感》——以来,演员和评论家都表示好奇,他是如何在拍出如此具有英国风情的影片之后,又推出《冰风暴》《绿巨人浩克》和《断背山》等具有地道美国风味的作品的。

乔纳森·格罗夫(《制造伍德斯托克音乐节》的演员之一)下了不少苦功夫后找到了答案。"做研究和做作业。"这位年轻的演员言简意赅地说道,"我第一次见他,他就往桌上扔了一个巨大的、四英寸厚的三孔文件夹。砰!他说:'准备好做作业了吗?这才刚刚开始。'"

格罗夫(饰演懒散的音乐节发起者兰)还必须根据李安的要求读十几本书,听一大堆CD,并看十五部电影。

五十四岁的李安对群演的要求也很高,把他们全送进"嬉皮士训练营",让他们在那里读"嬉皮士手册",手册收录了多篇文章、时间线、论文和"嬉皮士语言"词汇表——"崩溃"(freak out)、"大麻烟卷夹"(roach clip)等说法均有收录。他们反复接受与1969年的语言、态度和政治相关的训练,看介绍那个时代的纪录片。李安非常注意他们的动作和外表。

"他们的体态和注视彼此的样子,隐含了他们对酷,以及彼此之间的联系的理解,"李安用偶尔不连贯的英语说道,"我必须确保他们有那种气质。他们的肌肉看起来不同,更瘦,在片中裸露身体的女性必须提前两个月选角,以便她们把体毛留长。

"我觉得当时和现在的年轻人最大的区别是,现在的年轻人眼里有更清晰的目标。他们尽管会做那些酷的事情,但知道自己要去哪里。不过,当时有一种漫无目的、叛逆的感觉。我想要确保他们活力不过于充沛,要保持温和。"

1993年,李安凭借第二部长片作品《喜宴》——讲述了一个男同性恋者为了取悦父母而结婚的故事——获得国际关注,他此后的作品均难以归类。

"我认为我是无法归类的,"他笑道,"我想我一生都是局外人——外来者。"他的父亲——一位学者和校长——迁居中国台湾地区,后来李安在那里出生,并学习表演。之后,他移居美国,在伊利诺伊大学学习,然后在纽约大学电影学院开始了他的电影事业。

他拍摄的短片为他赢得了一位经纪人,但他花了五年时间努力落实项目,同时照看他的两个儿子。那时,是他的妻子微生物学家林惠嘉独自一人赚钱养家。

《喜宴》之后,他拍摄了《饮食男女》,影片获奥斯卡金像奖"最佳外语片"提名。接下来他拍摄了《理智与情感》,影片获七项奥斯卡金像奖提名。当时,他的导演风格让制作人林赛·多兰发表了这样的评论:"英国演员习惯刻薄粗鲁的导演或者温柔和善的导演。但与既和善又粗鲁的导演合作,对他们来说是全新的体验。"

他的《卧虎藏龙》获得了十项奥斯卡金像奖提名,并赢得了"最佳外语片"奖。但随后推出的《绿巨人浩克》并不成功,被批评为过于不切实际和卡通化。

李安最终凭借《断背山》获奥斯卡金像奖"最佳导演"奖。影片讲述了一个延续数十年的同性爱情故事。

关于下一部影片,李安暂时还没有明确的计划,但无论是什么样的项目,他无疑都会完全沉浸其中。

"和真实生活相比,我可能更喜欢并认同我拍的电影。"他说,"虚拟世界似乎比现实世界更合理,因为它有开头、中间和结尾。它给人意义和智慧。对我来说,在那里生活比在现实世界更容易。

"我想这可能有点抽象,但就是这样的。"

关于《制造伍德斯托克音乐节》

"Ang Lee Interview for *Taking Woodstock*" by John Hiscock from the *Telegraph*, October 22, 2009. © Telegraph Media Group Limited 2009.

跨越边界

格伦·肯尼/2010 年

"今天是个接受采访的好日子。"在曼哈顿中城一个安静的早晨,李安这么说道。导演正处于开始全新电影冒险之前的间歇期,正在从一个办公室搬到另一个办公室。所以我们见面的空间相对空旷。尽管李安低调而安静,但他强大的存在感充满了整个房间。

李安身上有一种矛盾性。尽管为人温和,但他在艺术上十分大胆,在类型间跳跃,总是冒风险。在仍然引发争议的《绿巨人浩克》中,他试图赋予漫画超级英雄真实的人类感情。在《色,戒》中,他用情色惊悚片的典型手法表达更深刻的内涵。他最近的长片《制造伍德斯托克音乐节》是以20世纪60年代一场反主流文化运动为背景的成年故事,这听起来并不是特别具有颠覆性,不过这既是一个成年的故事,也是一个出柜的故事。

李安导演了一系列风格迥异的人文主义电影,包括《喜宴》《饮食男女》《冰风暴》和《与魔鬼共骑》。他因对简·奥斯汀作品《理智与情感》的改编获美国导演工会奖(DGA Award)提名,因《卧虎藏龙》和《断背山》获美国导演工会奖,他还凭借《断背山》获得了奥斯卡金像奖"最佳导演"奖。

听李安描述他的工作方法,你会被他的怜悯之心所打动。他说接受美国导演工会的采访是他的荣幸,并似乎将此视为阐述其艺术原则的一次机会——不仅是为了工会成员,也是为他自己。"能够以这种方式与我的同行分享建议和经验,这很好。"他说道。

格伦·肯尼(以下简称肯尼):某种意义上,你既是中国导演又是美国导演。我们先聊聊你早期的经历,以及你是如何成为今日的你的。

李安:在故乡,我的成长环境毫无艺术氛围。我家的观念，我所在文化的观念，是学习实用的东西，上好大学，然后去美国求学、拿学位。但高考的时候，我因为太紧张，所以考砸了。我进入了台湾艺术大学，学习戏剧和电影。在当时——20世纪70年代初——的台湾地区，电影方面能做的不多。但我一作为演员登上舞台，就爱上了那种感觉。我在学校非常开心，但我们接触的西方戏剧不多。我开始大量看电影——伯格曼、雷诺阿等大师的很多作品。二十三岁，我进入伊利诺伊大学，读戏剧专业。我在那里学习了两年。那改变了我的人生。我开始如饥似渴地吸收西方文化，不是西方文学、科学或社会研究，而是西方戏剧。

肯尼：你何时意识到，和表演相比，你对导演更感兴趣？

李安：是我刚来美国学习的时候。我几乎不会说英语，说的是洋泾浜英语。因此我无法真正表演。所以我从表演转行导演。不过，我认为我吸收了很多东西，并被它们改变了。我成长的环境是农业文化，强调与社会、自然保持和谐、平衡，因此总是尽力化解冲突。但是在西方文化,尤其是西方戏剧文化中,一切都有关冲突,有关主张个人的自由意志,有关这将如何在家庭和更大的社会中造成冲突。我发现我有表现这些情境的天赋。最终,大量接触电影——每周末看五到七部电影——之后,我渴望拍摄电影。我在纽约大学读研究生,在电影系学习了三年。这个专业很务实,就是出去拍电影。

肯尼:你是如何实现从学生到专业电影人的转变的?

李安:从电影学院毕业后,我经历了六年的制作地狱。在纽约大学时,我们拍了短片,它们让我在威廉·莫里斯经纪公司有了一名经纪人。毕业后,我花了三年时间才弄明白短片和长片的区别。没有人教过我们如何处理长片的结构,长片的结构是如何运作的,以及如何构建人物。所以那时我再次迷失方向。我在好莱坞做了很多项目推介,但屡战屡败。不过那些年,我自学了一些东西,包括长片的剧本如何运作,以及市场想要什么。

肯尼:你最终是如何取得突破的?

李安:1990年,我参加了台湾地区举办的剧本比赛。

奖金很丰厚，一等奖有一万六千美元，二等奖是一半——八千美元。我同时获得了一等奖和二等奖！获得一等奖的是《推手》。这个剧本是我专门为了参赛写的。另外，《喜宴》——我五年前创作的剧本——获得了二等奖，并成了我的第二部电影。我写《喜宴》的时候，这个故事因为中国色彩太浓，没法在美国拍，又因为同性恋色彩太浓，没法在中国拍。所以就一直搁置。所以我送了两部作品去参赛，然后都获奖了。后来有一家制片厂想要投资《推手》。影片以纽约为背景，讲述了一个华人家庭的小故事。他们为我提供四十万美元，让我在纽约制作这部影片。我被介绍到了泰德·霍珀和詹姆斯·夏慕斯创立的好机器制作公司。我向他们推介了这个故事。然后詹姆斯对我说："难怪你六年什么都没拍成。你的推销能力太差了——能成功才怪。"接着他们自我推介，告诉我他们是无成本制片之王。不是低成本，而是无成本。然后我们就开始合作，一同制作了首部电影，影片在台湾地区很受欢迎。但真的仅限于台湾地区。因为表现很好，台湾公司给了我更多的钱——七十五万——制作《喜宴》。詹姆斯说："让我帮你修改剧本。"他确实修改了剧本,之后发生的事情,可以说是众所周知了。

肯尼:自此,你开始与夏慕斯合作。作为编剧和制作人之一,他几乎参与了你1993年以来拍摄的全部十部电影;作为焦点影业的负责人,他还发行了其中的几部。这种关系是如何帮助你保持稳定的作品产出的?

李安:这种合作关系是自然形成的,来自友谊,没有精心计划过。后来《理智与情感》的制作人看到了《喜宴》,因为这部电影,他们认为我可能是改编简·奥斯汀作品的合适人选。我向詹姆斯求助,问他:"我该怎么做?"当时我们在考虑合作英语电影。但有制作人与我们接洽《理智与情感》,我难以决定接还是不接。首先,预算是一千六百万美元。我从来没有支配过这么大一笔资金。另外,我也从来没有拍过时代剧。但我无法抵抗和艾玛·汤普森合作的诱惑。我读了(艾玛·汤普森写的)剧本,尽管当时我英语不好,但我感觉已经熟记于心了,而且本质上,它和我的风格非常接近。所以我接受了挑战,去了英国。我非常害怕。我的英语很差,而我改编的是简·奥斯汀。我必须与顶尖的英国演员和工作人员——牛津校友及皇家莎士比亚剧团成员——合作,从演员到工作人员都是一流的。我当然会恐惧。所以我带上了詹姆斯。在这段时间和整个拍摄过程中,詹姆斯代我与这些人打交道,我则做自己的事情。

肯尼:《理智与情感》之后,你跳到了描述一个截然不同的社会——20世纪70年代早期的美国——的影片《冰风暴》。这个项目是怎么来的?

李安:因为詹姆斯的推荐,我读了原著,并没有考虑将其改编成电影。但当我读到书中的人物麦基·卡佛滑向冰面,那画面一下占据了我的大脑。我对詹姆斯说:"我想把它拍成一部电影。"他认为这是个可行的想法,然后我们见了(原著作者)里克·穆迪。我们以非常低的价格买下了版权。《理智与情感》打断了这一过程,我们再拾起这个项目时,是詹姆斯首次独立为我创作剧本。

肯尼:凭借《冰风暴》在这里为自己争得一席之地后,你回中国拍摄了《卧虎藏龙》。那是什么感觉?

李安:我既执导英文影片也执导中文影片,在两种语言之间跳来跳去。这对我来说逐渐成为一种维持平衡的游戏。我拍美国电影时,因为这是我后天接受的文化,所以需要的技巧和艺术方面的努力相对清楚。实际上在某些方面,我心理上更轻松。潜台词我看得更清楚。作为外国人,你首先会关注意思的准确,但更难的是确保文化习俗的正确。执导英文影片后再回去拍《卧虎藏龙》,我发现我的思维很大程度上变得西方化、全球化了。所以我必须想办法回归中国文化——我最早接触的文化。

肯尼:在导演生涯中,你从美国内战故事跳到漫改超级英雄,再跳到现代西部片。你认为是什么让你在类型间跳跃?

李安:如果总是停留在一个地方,我怕会丢掉我希望带给每部影片的新鲜感。如果一直拍同一个类型的作品,我害怕我会不再诚实,因为熟悉某一特定类型会让我能够——怎么说好呢——去假装。我感觉为了拍出最好的作品,我必须让自己处于对所做的事情了解不多的状态。一种让我感觉自己好像在拍第一部电影的状态。如果我感觉自己在重复什么东西,或者重复自己,和冒险尝试新事物相比,我会感到更害怕。

肯尼:这是你定期更换摄影师的原因吗?

李安:我认为连续几部电影都和同一个人合作应该是有趣的,合作关系会不断发展,越来越深入,艺术上也越来越富有成效。在摄影师方面,我有想坚持的几项原则。我和摄影师建立联系都有特定的原因。我为了《冰风暴》接触弗雷德里克·埃尔梅斯,是因为影片的最后一部分,最重要的部分,是停电的暴风雪夜。摄影师必须制造一种幻觉,让观众能够看到人物在黑暗中行动。这是剧情的核心。我很欣赏弗雷德里克和大卫·林奇合作的作品,尤其是《蓝丝绒》(*Blue Velvet*)。弗雷德里克尝试用极低的曝光拍摄,他有很多优秀的、实验性的做法。

肯尼:你是如何处理《断背山》的视觉风格的?

李安:《断背山》我请了罗德里戈·普列托[《爱情是狗娘》(*Amoresperros*)和《通天塔》(*Babel*)的摄影],因为我认为他是多面手,而我希望找一个能够迅速拍摄的摄影师。尽管我提的要求与他著名的狂乱风格完全相反,但他成功拍出了我为《断背山》设想的那种宁静的、近乎被动的画面。我相信人才就是能做到。

肯尼：你和摄影师如何合作？

李安：无论其年纪大小和经验多少，我喜欢和有两种明显态度的摄影师合作。第一，我希望他们和我讨论剧情，而不是画面。我不担心如何拍摄。如果我们关注如何帮助演员塑造角色，并找到可以自如表演的行动方式，自然会有办法拍摄。我希望摄影师对内容、对讲故事感兴趣。这是我关注的第一点。第二，我会避开工作时表现得像大师——在自己的领域无所不知——的人。我希望和认为自己仍在学习而非总有现成答案的人合作。和某人见面时，如果我问对方对某事有什么想法，而他不确定，这对我来说往往是好兆头。

肯尼：你的部分作品涉及特效——《卧虎藏龙》中用钢丝让人物看起来在飞，《绿巨人浩克》中则用 CGI 表现一个漫画人物。在用特效的同时，你如何保留人物的人性？

李安：其实钢丝是一种技术含量较低的特效，需要很多人才能实现。拍摄《卧虎藏龙》中的竹林打斗场面时，地面上有很多人手动操控各个部件。而角色的人性则与他们飞的方式有关，这在文字中没有具体写明，但在拍摄过程中被构想并实现了。比如，章子怡饰演的人物似乎可以随心所欲地飞，而杨紫琼饰演的相对年长的人物则跑得很快，以此积累的动能让她能够跳起来。这些特定的技巧很能体现人物的特点。

肯尼：《绿巨人浩克》有何不同？

李安：拍摄《绿巨人浩克》时，我把自己看作在用全新的、非常昂贵的工具作画的画家。从商业角度看，影片问题颇多，因为相较于漫改片，我们拍摄的作品更像一部恐怖片，而我们必须像推广《蜘蛛侠》一样去推销它。在我看来，影片的主题和《卧虎藏龙》是一脉相承的。在后者中，"藏龙"是文化中固有却被压抑的东西——所以在东方就是性；在《绿巨人浩克》中的美国，"藏龙"是愤怒和暴力。但我发现，与其向动画制作者描述我想要的效果，不如直接穿上动作捕捉服，表演某个表情，并让他们拍摄我的脸,这可以为他们节约几周的工作时间。所以最终,绿巨人的动作是我表演的——演他的愤怒。这对我来说是很有意义的一段经历。我喜欢以一种观众看不出来的方式用CGI。我们其实在《断背山》里用了一些CGI,主要是一些风景。如果你想要画面的某个位置上有一朵云,放在那里就可以了。特别好。

肯尼:拍摄需要某些特定画面的《冰风暴》时,你没有现在的特效工具。你为此感到遗憾吗?

李安:不,我们实现了我们需要的。这很重要:观众看一部电影,电影的平均长度在一小时四十分钟或两小时左右。我认为观众真正关注画面的时间只有十到十五分钟。在我拍摄的电影中,剧情才是真正重要的东西。一定是以人物为中心的。最能吸引观众注意力的是让他们产生认同感的人脸。叙事、剧情和人脸——这一切构成了我的目标的核心。我在一部接一部的作品中试图打破这种模式,变得更注重视觉效果,因为我喜欢差异。但这是有限度的。一切都要与人物相关。

肯尼：你所有作品中最具戏剧性的场景之一是,《断背山》的最后,恩尼斯·德·玛尔与杰克·特威斯特的父母见面。你是如何营造气氛的?

李安：从踏入片场之前很久就开始了。那个场面也是影片中我最喜欢的片段。那是一个充满坚忍精神的片段,关于一个已经不在、永远离开了在场所有人物的人——杰克·吉伦哈尔把这个人物演活了。视觉上,我的灵感来源是安德鲁·怀斯,那些简陋的白门则是受丹麦画家威尔汉姆·哈莫修依的启发。所以首先要找到合适的房子、合适的空间,当然这是我交给艺术指导朱迪·贝克尔的任务。为了拍摄那个场景,我用了拍摄《绿巨人浩克》时曾运用过的方式。我用两台摄影机拍摄,从两侧捕捉演员的表演,然后换镜头再拍摄一遍。这是一种非常规的覆盖方式。剪辑拼合时,可以用某种方式突出某些反应、情感。拍摄时,这样进行覆盖会让有些演员感到困惑。但这对希斯(莱杰)、皮特(麦克罗比)和罗伯塔(马克斯韦尔)——都是我热爱的演员——显然没有影响。那是奇特的一天。我希望那个场景是阳光明媚的,结果真的有太阳。我记得走向片场时,我就感觉那会是很棒的一天。不过能拍出那样的片段,还是要归功于演员和他们的面孔,是他们成就了一切。

肯尼:选角时,你时常混用有经验的演员和新人。你如何引导演员呈现每部影片中你所需要的情感?

李安:这个话题我可能可以聊好几天,因为每位演员都是不同的。每一位演员都像一座必须攀登的山峰。当然,没有什么事情是容易的。我认为,当你为拍摄一部电影投入这么多精力时,至少主要人物会成为你——作为导演——的一部分。所以你会向演员灌输自己的理解。

他们是知道的。你在看他们,他们也在看你。我在思考如何把他们变得符合我的想法。他们也在看我,尝试理解我的一部分想法,然后去演。这一切都很抽象,而且要反复磨合。我谈过与摄影师、艺术指导、编剧和制作人的关系,我把自己的一切与他们分享。但最好的部分我一定会留给演员。这并不意味着我是他们的朋友。我几乎从不和他们社交。事实上,有的演员认为我冷漠。但是为了将有艺术感的片段呈现出来,并永久性地固定在胶片上,我会做我认为有必要的事情。这确实是一场硬仗。拍摄一部电影对我来说是很神圣的,我认为演员能感觉到这一点。

肯尼:让新人和老手保持步调一致,这方面出现过问题吗?

李安:把一切都协调好可能是很困难的。我拍摄《理智与情感》时,凯特·温丝莱特只有十九岁,那是她的第二部电影。让她做某些事情,习惯摄影机,不要有意识地对其做出反应,会比较困难。当然这些她现在都明白,但当时还没有。这对于艾玛·汤普森来说轻而易举,艾玛不费吹灰之力就可以同时表达四五层意思。而凯特——即便是处于相对原始的状态——有打动人、让观众为她担忧的力量。这对于凯特来说似乎很简单,对艾玛则相对困难。而她们饰演的是姐妹。

肯尼:你刚开始和演员合作时的流程是什么样的?

李安:首先,要感受他们的气息、他们的气质。排练能够帮助你靠近他们。但最重要的还是拍摄当天。我一般排练两三周。排练不是像真的拍摄一样把电影从头到尾过一遍。我认为,电影演员在排练时一般都会有所保留,这么做是有合理的理由的。如果他们尽全力去演,到拍摄时就没有状态了。如果他们收着演,你真的希望在他们身上看到的特质就会延续到实际拍摄中——至少我们希望如此。所以我认为排练会帮助我们所有人熟悉演员,让我看到和听到人物在他们体内成形,初步感受人物及人物间的化学反应。在片场,我们必须用摄影机拍摄一个个片段,必须思考和感受。所以排练的成果不是表演,而是一种共同思考的方式。

肯尼:作为导演,你身边总有大量的事情在发生。你如何看待导演的角色?

李安:我认为电影是一种艺术媒介。不是生活。不是真实的。但它一定有自己的神。我们有必须尊重的电影之神。在某个时刻,你必须不顾其他所有人的想法,去聆听那个声音。很多事情是我起头的,但后来我会变成观察者,决定走哪条路才符合电影之神的意志。我认为每部电影都有自己的道路。我告诉演员和工作人员,这不取决于我们,不取决于我。我们都是电影之神的奴隶。

所以这是我的目标。我尝试让每个人都明白这一点并团结在一起。

肯尼：你到片场之后做的第一件事是什么？

李安：拍摄时，我早晨进行场景调度，然后演员回去化妆。接着发出分镜头列表（shot list）。我与助理导演、摄影师和美术部门策划好即将拍摄的场景。镜头准备好之后，我们关注细节，进一步完善。然后一次次地拍，直到获得那个完美的镜次。

肯尼：拍多少次？

李安：六七次。超过十二次会很困难。可能不会少于三次。拍摄《色，戒》时，如果超过五次，首次拍摄电影的汤唯就会开始走神。她很情绪化，喜怒无常。她会立刻进入片场的气氛，但后来又会分神。其他同样经验不足的演员的情况不同。（《色，戒》中的）王力宏和（《制造伍德斯托克音乐节》中的）迪米特利·马丁都是新电影演员，他们会随着镜次的增多越演越好。可以期望第七次比第六次好。但同样的道理，第五次之前基本都不会有什么进展。如果是梁朝伟(《色，戒》)和琼·艾伦(《冰风暴》)这样特别出色的演员，每一个镜次的表现则都很完美。所以有各种不同的情况。有很多混合、匹配和平衡要做。

肯尼：在《色，戒》中，你将强烈的情感和露骨的性爱场面结合在了一起。找到理想的平衡困难吗？

李安：困难。两个人物想要杀死彼此。他是审讯者，而她是引诱者，我认为没有什么比这更紧张激烈了。我和演员会谈及我和我的妻子与家人都不会触及的主题，因为我和演员分享内心最深处的东西，和他们交流又非常直接。我们在那些素材的基础上创作作品，在那个层面上建立联系。我在塑造人物的过程中袒露内心。所以那对我来说其实是一个很痛苦的过程。在性爱方面，我认为我们在突破某种表演的界限。见证这一切，创造真假难辨的情境，是导演能够和演员共同经历的终极体验。但也很艰难。拍完后，我们都病了一个月。精神高度紧张。拍完之后，我第一次感到我有责任帮助演员从电影中走出来。我还在和汤唯联络。我还在帮助她从角色中走出来。过去,我认为这不是我的工作。

肯尼:你和演员的关系一般是怎样的?

李安:我不知道演员对我印象如何。刚开始执导英语电影时,大家对我的某些做法容忍度较高。因为我英语说得不好,所以我会给出非常直接、毫不含蓄的指示。演员们会对此感到震惊,但他们认为这是因为我英语不好,不知道怎么更好地表达,所以容忍我这么做。但我的英语越来越好之后,我就逐渐失去了这种特权。我必须像所有人一样讲礼貌。拍摄《制造伍德斯托克音乐节》时,我开始变得更放松,这一定程度上是因为《色,戒》的制作过程太紧张了。除了影片更加阳光的主题,我个人决定要友善一些,多给一些鼓励,更注重保证每个人都开心。

肯尼:你的有些电影似乎是为国际观众设计的。它们在海外——尤其是在亚洲市场——反响如何?

李安:我们与亚洲市场打交道的经验很有意思。拍摄《卧虎藏龙》是因为,很长时间以来,我一直想拍摄一部武侠片，但同时我认为需要对其进行升级。我不愿只拍一部我小时候常看的香港式的 B 级片。最终，我们在其中杂糅了 A 级片和 B 级片的元素。尽管我们在西方大获成功，这在东方市场却并没有取得很好的反响。全新的手法在这里获得了更多的认可。《色，戒》的情况则完全相反。影片在东方是引起轰动的文化现象，在西方却反响平平。可能是因为它与东方的历史直接相关，或其中的悲剧感在东方能被更多的人所接受。

肯尼：中国观众是怎样的？

李安：中国的电影业刚刚开始腾飞。那是一个新市场，一个有意思的市场，那里开始拍摄自己的中规中矩的电影。虽然有盗版，但观众还是会去电影院。看到在那里受欢迎的电影，就连我都搞不懂他们为何喜欢或不喜欢某些作品。但那里的观众人数是美国的四倍，所以哪怕只在一座城市放映，一部电影就可以赚到一亿，大获成功。那是一个重要的市场。

肯尼：鉴于市场的复杂性，你认为后续还会有你拍摄的这种类型的电影生存的空间吗?

李安:我在一个相对安全的区域,拍摄的是可以被称作小众大片的电影。我没有遇到什么问题。我有机会按照自己的想法拍摄电影。至于国际电影,我认为很多有趣的电影来自美国之外的国家。而美国艺术电影似乎被定义为低成本项目。所以一头是艺术电影,另一头是好莱坞电影。但我认为我们需要更多被你们称为"中间作品"(tweeners)的影片。电影在变得两极分化。部分在艺术上有所坚持的成功导演有机会拍一些成本更高的电影,但不是很多。

肯尼:你的下一部电影《少年派的奇幻漂流》改编自扬·马特尔创作的小说,讲述了一个男孩和一只斑马、一只鬣狗、一只猩猩、一只老虎一同被困在太平洋上一艘救生艇中的冒险故事。这听起来像一部有很多准备工作要做的棘手电影。

李安:2001年读这本书时,我对它很感兴趣,但并不认为它可以拍成电影。后来我开始拍摄《制造伍德斯托克音乐节》时,福克斯2000(Fox 2000)找到我,告诉我这个项目又可以做了。我想这部影片会很不同,因为技术上实现起来有难度。这涉及动画,所以需要进行视效预览①。我讨厌视效预览,我一般不做故事板。有时候做了,我也不按照上面的内容执行。为什么要(按照故事板)去覆盖镜头,而不是临场发挥,寻找可行的办法?用故事板在我看来不太合理。但做导演不能停滞不前。拍摄昂贵的镜头时,需要事先计划好。按一般流程操作太昂贵了。这很令人兴奋。这就是拍电影。没有固定规则。

"Crossing Borders" by Glenn Kenny from *DGA Quarterly* 4, no. 1 (Spring 2010). Courtesy of the Directors Guild of America, Inc.

---

① 视效预览(previsualization)指在电影开拍前,把剧本或分镜可视化地呈现出来。

李安谈《少年派的奇幻漂流》

杰森·勒罗伊/2012 年

有人说,将扬·马特尔的畅销小说《少年派的奇幻漂流》改编为电影是不可能的任务——一个名叫派的印度少年在海上迷失,他唯一的伙伴是小艇上的一只野生老虎,这几乎就是这部极具画面感的寓言式作品的全部故事。有人不赞同,有人表示嫌弃,宁宁·利克斯[①]不以为意。但这些人显然没有考虑过李安(作品包括当代经典影片《卧虎藏龙》和《断背山》的五十八岁奥斯卡奖得主)执导这部影片的可能性。但他真的接了这个项目。继反

[①] 宁宁·利克斯(1967—),美国演员。

响相对平淡的《制造伍德斯托克音乐节》之后,他选择了这个心灵寓言作为他的下一部影片。

李安显然是挑战越大就越兴奋的那种人。他不仅选择了一位没有经验的演员(苏拉·沙玛)饰演主人公,还将电影技术推向极限,为影片中各种梦幻场景构建了几乎完全依赖数字技术的视觉奇境(而且是3D的),以便讲述马特尔创作的温馨且传奇的故事。最终的影片在苏拉的精彩表演的基础上,结合了令人咋舌的惊艳视效与毫不含糊的心灵和哲学架构。难以想象,除李安外,还有哪位导演能同时在宏观和微观的层面上将如此具有挑战性的素材呈现得这么好。接下来,李安接受了"旋转碟片"(Spinning Platters)的采访,探讨了他对叙事的激情从何而来,他将《卧虎藏龙》中的哪个人物代入了《少年派的奇幻漂流》中的老虎,以及如何利用新人演员的优势。

杰森·勒罗伊(以下简称勒罗伊):你制作的每部影片似乎都与之前的不同。《少年派的奇幻漂流》的哪一点吸引了你?

李安:它被宣传成了一个会让人相信上帝的故事,但这种说法显然不怎么具有说服力。其真正的核心是关于"相信"的观点，以及不同的故事。我是一名叙事者；我拍摄电影。所以它真的改变了我做的事情和我创造的幻象的本质：幻象如何影响我们的生活，我们如何将幻象当作现实，有时甚至认为幻象比现实更重要。对我来说，这就是真实。我电影的核心人物身处幻境，却向其中投入大量情感，以至迷失方向，比如《色，戒》。这是我念念不忘的主题。我想拍摄这部电影的另一个原因是旅行的部分，那部分非常生动，写得很有画面感。如果能够呈现，它会是绝妙的电影素材。

印度的部分，你必须在沉船之前把大量的素材进行精简——在时长上极富挑战性，但这部分内容非常丰富。还有，影片的结局是富有哲学色彩的。那是很有难度的一部分，是一个挑战。我期待制作那一部分，但其实并不享受那个过程。（笑。）但它令人难忘。哲学问题在我心头萦绕。我想融入我的想法。我想用电影复刻小说的效果。在我看来，用电影表现比用书更难，因为电影更直接。观众直接面对逼真的图像，直接观看。要怎么拍？如何讨论你在一个幻象中看到的另一个幻象？这对我来说是一个极大的挑战。拍这部电影的理由已经足够了，不是吗？不过对我和其他所有参与者来说，它都是一个很大的挑战。但我认为这一切最终都是值得的。（笑。）

勒罗伊：你以前的不少作品都是围绕陷入极端情况的人物展开的，它们似乎都含有一些形而上学的元素，从这一特点最为明显的《绿巨人浩克》到《制造伍德斯托克音乐节》中的迷幻药。但是，《少年派的奇幻漂流》中有一段明确讨论信仰和宗教的对话。这会引发你的兴趣还是引起你的抵触？因为在这部影片中，表现方式非常明确，而你的其他作品并非如此。

李安：就像之前我提到的，不会有原本不信上帝的人看了这部电影或读了这本书之后就信了。但这不是重点。这只是表面的东西。如果有更深的比喻，我也不应该说出来。（笑。）当然影片中有其他不这么明显的部分。我面对的最大挑战是拍摄一部给人希望和信仰的电影，因为这对我们来说很重要。但其中也有派的挫败、愤怒和困惑，更不必说还有第二个故事。我认为两个故事共存是影片能够引发争议的部分。我认为这取决于观众如何解读影片,选择相信第一个故事还是第二个故事。看待这部影片的方式很多,而我的工作就是让每个人都有机会(与之建立联系),不仅仅是有信仰的人、无神论者、能够接受冒险故事的少儿观众,以及喜欢进行哲学思考或形而上沉思的人。他们都可以有自己的看法。我不知道我有没有做到,但这确实是我的目标。在这方面,这部影片与我的其他作品无异。我认为好电影应该做到这一点。

勒罗伊:确定加入该项目之前,你对原著有多熟悉?

李安:有人把它推荐给了我,我读完之后,又把它推荐给了我的妻子和孩子们。我不认为我想把它改编成电影,但作为电影人,我对这个故事念念不忘。之前我也提到过,我们讨论了幻觉,以及幻觉可以被加工得多么真实,而且或许这正是现实的本质。这一点,还有书中的一些画面,真的令我难以忘怀。但我认为要将小说不折不扣地呈现出来会太过昂贵,技术上我们也尚未做好准备,甚至现在仍极具挑战性。所以直到五年前他们带着这个项目找到我之时,它一直是一个被我存在脑后的有意思的项目,但我从未真的考虑过去实现它。

勒罗伊:电影与小说的一个主要不同之处是让派直接向扬讲述这个故事。这个变动从何而来?

李安:这是我最早的想法之一。这是一本很怪的书!怎么才能将它改编成一部有结构的电影?这是我在考虑要不要拍这部电影时最先产生的想法:旅程多奇幻都没有用。不找到结构,就没有办法讲这个故事或开始拍摄电影。我注意到在序章中,有一个印度人告诉扬:"在加拿大,有一个人的故事会让你相信上帝。"这很有意思。后来他去了(加拿大)。所以我想:"好,这是扬·马特尔开的玩笑,让我来把它当真,好像真有此事一样。"这让我很兴奋!我认为这是构建影片结构的好办法。

尽管小说讲述的是一个十六岁男孩的旅程,但我认为故事是由一个非常成熟的声音讲述的,所以必须让一个成熟的人——而非一个孩子——来讲。孩子可以读日记,以旁白的形式进行补充,但主要进行解释的必须是一个年长的人的声音。这是关于讲故事、分享和聆听的力量的素材,所以我想:"这是一个很好的工具。故事由派来讲,然后作者接过故事并把它写成书。"我将虚构视为真实。

勒罗伊:鉴于这一切都与故事和讲故事的力量有关,你还记得最初让你想要成为一名讲故事之人的某个故事吗?

李安:(停顿。)可能是电影。我母亲不是很擅长讲故事,我父亲从来不给我讲故事,除非是他经历的事情。不过里面可能有一些故事的元素。我上的是天主教幼儿园,我母亲带我去教堂,我在这两个地方倒是听了不少故事。但我认为对我影响最大的可能还是电影——影像讲述的故事。我有一个比我小三岁的弟弟,很多年里,我每天都给他讲很多故事。我就自己编,他则愿意听。我们的童年就是这样度过的:我给我弟弟讲故事。我不知道我们为什么那么做,不知道他为什么愿意听。但我猜,相较于听众,我就是更喜欢做讲故事的人。

勒罗伊:老虎在小说中是一个极为关键的角色。你是如何在影片中呈现这个角色并展现其性格的?

李安：我学习了老虎的行为，真正的老虎会有的行为是有限的。我不想超出这个范围。我不会让它说话或者满怀爱意地看着你；我不会将它拟人化。但塑造这个角色和塑造有人演的角色不同，因为我从来没有看过这只老虎。它也不是经过训练可以做一些动作、吓人的真老虎，它完全是数字合成的，你要通过想象将它创造出来。所以我开始创造它时，感觉自己在面对心中的"卧虎"——我创造和想象出来的事物。关于这样的角色，我有一点经验。

与它最接近的是一个人类角色——《卧虎藏龙》中的玉娇龙，章子怡饰演的人物。如果我看到熟悉的东西，如果我认识这样的人，我就会放弃这个想法。我想要创造全新的东西。我想象特别吸引我的东西，她的行为要和我想让她做的事情完全相反，她要特别叛逆。那个女孩要飞檐走壁，谁都抓不住她，除了触动她心中的"藏龙"，慕白到死都碰不到她的一根毫毛。所以我和章子怡合作，创造了这个我认为相当生动的角色。我不认识任何像她这样的人，我认为人物就应该这样。我用同样的方法处理老虎这个角色，区别是我付出了更多的努力，而且有几千人花了一年半的时间帮助我用数字技术将它呈现出来。本质上两者是类似的,但这个角色要难得多。(笑。)

勒罗伊:你不仅要应对各式各样技术上的挑战,还请了一位新人演员出演主人公。苏拉没有表演经验,而且影片大量运用数字技术,因此在大多数场景中,他是不是都在对着空气表演?

李安:正因为这样,他才是一位非常有天分的演员。你坐在那里,旁边有一个代替老虎的蓝色的人,然后你就这么表演。他必须想象自己此刻在水上。一切都是真实的。如果在现实中他会跌跌撞撞,那就要演出来。至于和老虎的对手戏,他精神上与上帝面对面时,他必须进入那种状态。如果我认为没有到位,那就是没有到位,他就必须再试一次。从这个角度来看,他和有经验的演员没有区别。但在有些地方,没有经验的新人演员拥有更多可以被开发利用的天真的方面。(笑。)他们不知道电影还有其他的拍法,不质疑,一旦参与就毫无保留。在有些方面,这比和疲惫的老手合作来得轻松。他是上帝为这部影片送来的礼物。他的表演令人信服;他真心去相信自己身处那种情境,然后我们也就相信了。我是一名有天分的导演,所以我看了就知道他有没有相信。我能分辨,所以我会让他继续尝试。

我给他的指示非常直接。"你看起来不害怕。"我告诉他一些老办法,呼吸更用力一点,感觉就会更强烈。但最终还是需要他去相信。他是一名有天分的演员,能够做到这一点。有时候他哭泣,那场面令人心碎。老虎把头放在他的膝盖上,他抚摸虎头的场面令人心碎,但他实际上抱着一个大沙袋。他在对着一个蓝色的沙袋表演!他说他可能做不到,因为我们在人很多的学校操场附近拍摄,周边的噪音令他十分难以集中精神,但第三个镜次他就做到了。人们被深深打动了。女化妆师像他在片场的母亲,她那时(流着泪)说:"我是骄傲的母亲!"他是个天才。

勒罗伊:那么你接下来有什么打算?

李安:没有。结束这部影片的宣传之后,我要躺平。(笑。)

李安访谈录

"Spinning Platters Interview: Ang Lee on *Life of Pi*" by Jason LeRoy from SpinningPlatters.com, November 26, 2012.

李安将《少年派的奇幻漂流》搬上大银幕的旅程

亚历克斯·比灵顿/2012 年

正在各地影院以 3D 形式上映的是今年我最喜欢的影片之一——由曾获奥斯卡奖的导演李安执导的《少年派的奇幻漂流》。在我的影评中,我给这部影片打出了九分(满分为十分),而杰里米则毫无保留地给出了满分,因为影片真正展示了电影的神奇魅力,展示了电影人运用适当的叙事工具——甚至包括 3D 技术——能创造什么样的精彩。李安是一位多元化的导演,曾推出多部广受赞誉的热门作品,《卧虎藏龙》《理智与情感》《断背山》《色,戒》甚至《绿巨人浩克》均在此列。几周前在纽约,我有幸获得了和李安对谈二十分钟的机会,与他探讨了他是如何将《少年派的奇幻漂流》的奇幻故事搬上大银幕的。

  我们在酒店对谈,进行了录音,但不得拍摄视频。以下是我对李安就《少年派的奇幻漂流》进行的采访的完整文字稿。关于这部影片,我曾写道:"与派一起经历救生艇上的种种挣扎时,有一些稍显沉闷与平淡的片段,但影片中迷人的时刻和只有电影能够带来的愉悦让这些小缺陷值得忍受。那些美好时刻会提醒我们,'这就是我看电影的原因',以及'这就是我爱电影的原因'。"

  亚历克斯·比灵顿(以下简称比灵顿):你是怎么知道如何将这部小说改编成电影的?读了扬·马特尔的小说后,你立刻就想"这完全就是我想拍的电影",还是有一个变化发展的过程?

  李安:小说刚出版时我就读了。我看得很入迷。内心也很震撼,百感交集。但距离将其拍成电影还差得远。当时显然是这样的。后来,四五年前,福克斯找到我。我开始思考:"要怎么解决这个难题?"然后我愈发被这个项目吸引。我想如果我能有某种结构……因为这是一个检视讲故事的力量的故事,这正是我所关注的——审视幻觉。影片很依赖幻觉——如何为观众提供一场情感体验?这不是小说关注的重点。这是一本富有哲思的书。要如何调动观众的情感,并在虚幻的电影中检视另一种幻觉呢?我认为这个问题是无解的。

然后,我想到让年长的派来讲述这个故事。所以有第三人称和第一人称。这或许可行。然后我想到了3D,这是一个很天真的想法,因为四年前我什么也不懂。我只是觉得或许多一个维度……可能,只是可能……会带来更多的可能性。然后我越陷越深。(笑。)整个战线拉得很长。剧本花了约一年时间,然后我又花了一年时间做视效预览。之后是做功课。然后我必须另辟蹊径。拍摄发生在水面上的电影必须用水池,但我没看到任何一部电影用得好。我觉得我一定要超越前人。要破除老做法,要走得更远。怎么才能做到?我想:"在洛杉矶肯定做不到。"然后我想到了台湾,这是个漫长的过程。

但我做了功课。我认为用3D表现水的效果会很好。一点一点推进。不过,所有问题都解决之后,我最早提到的,如何在确保观众跟得上的前提下将故事整合起来,还是最大的难题。真的很难——如何转到第二段,如何收尾。

比灵顿:说到结尾,我想知道:你为何认为有必要在影片的头尾安排现在的作者用第三人称讲述故事?

李安:因为用第三人称讲述是有额外内涵的。他有三十年的时间去思考、琢磨、回味这件事,然后再以奇怪的方式吐露消化后的东西。你完全不知道他会说什么。因为小说的主要叙事者是比较成熟的——我不知道——可能是一位三十五岁的加拿大人;我不确定,但叙事的声音是成熟且富有哲思的。那并不属于一个十六岁的印度男孩。所以我认为有必要用一个年长一些的声音。但我又希望避免打破影片的气氛,所以一定要是同一个人,不能是另一个作家或者某个莫名其妙的旁白。针对年轻的角色又不能……有其他的办法——第一个故事由年轻的派在诊所,在医院里对日本人讲述。很自然地就会这样处理,但声音会不合适。因为是他,是同一个人,情感上就没法真正分离。

然后我想到的解决办法就是用第三人称,它既类似一个无所不在的客观视角,又是同一个人。我就是这样构建影片的结构的。这只是一个开始,开始操作后变得越来越复杂。(笑。)

比灵顿:这正是我想要详细了解的……

李安:是的。如果他多少有所隐藏呢?问题很多。如果第二个故事才是真的呢?如果第一个故事只有一部分是真的呢?如果两个故事都是瞎编的呢?无论观众如何理解,最后一定要说得通。演员怎么表演才能让所有观众都有迹可循?这是一个很长的故事,对我来说,从电影的角度看,这是一个很难讲的故事。

比灵顿:你怎么知道需要保留原书中的哪些部分?怎么知道删去哪些部分不会破坏派这个人物的灵魂?

李安:直觉。每一场戏都凭直觉去判断,一场戏最应该表达的是原书的命意——我拍到了什么样的镜头,从电影的角度,我想要如何将这个镜头呈现给观众。这是第一步。然后我开始选择片段——哪些能为结局服务。几乎一切都取决于结局。然后我必须将一切串联、编排在一起。如果把整本书都拍出来,影片需要十五个小时才能放完。不能那样做。你或许也知道,影片的第一部分可能比较难看下去。他生活的每个方面,都有一个人物。有一个数学老师是无神论者……有大量的人物。不能面面俱到。所以我必须进行浓缩。我想到把所有的无神论者都集中到父亲身上……

旅途也是一样。选择能够清楚体现故事线的内容,展示他经历的不同阶段。我们不可能在影片中覆盖方方面面。一定要有某种方向。电影的节奏要快得多,一旦观众明白了某个点,剧情就要立刻推进。所以要如何浓缩,选择最好、最具画面感的内容呢?还有我添加的元素,比如鲸鱼。书里是没有的。但如果我要让他失去一些东西,他的所有财物、必需品,我就要让那一幕尽量壮丽,因为派的故事一定是壮丽的。所以我产生了这些想法。还有,(在书中)岛上的剧情没完没了(笑),好像有几个月。我不得不把它缩短到一天。

比灵顿:讲述一个能够打动广大观众——同时吸引无神论者、基督徒、印度教徒等人群——的故事似乎很难。在不疏远观众的前提下,寻找平衡是不是很难?

李安:我感觉在不同的阶段,这并不是真的很困难。但信仰和无神论很难平衡。我最先探讨的——因为故事的开头涉及有组织宗教——是他童年的见闻。然后,他经历了一个可以说是天堂的幻觉被打破——动物园那一段——的时期。之后,他开始了存在主义的反思。再之后,他迷失在海上,直面神的抽象概念。那才是真正的考验。因此无论你信仰什么宗教,无论你来自何方,当他面对神的概念时,你只能做一名社工。(笑。)我们探讨了信仰、未知的神。我认为那部分没问题。但就无神论者而言,他们可能倾向于相信第二个故事。必须为他们设计一些内容。同时,也要让有信仰的观众感觉这是一个有信仰的故事。

我的想法是,任何人看了电影之后都有自己的解读,这样就可以。我认为,这是两个故事的本质导致的必然结果。这很有难度。还有艺术电影观众和更广泛的观众之分。(吸引他们)更加困难,需要用截然不同的方式拍摄这部影片。我需要面对的挑战不仅涉及艺术电影圈,这是一部成本十分高昂的影片。期望很高。必须能够吸引更多的观众。所以我(在这方面)挣扎的时间最长。

比灵顿:你认为3D对吸引更多的观众有帮助吗?不仅是因为这个概念很流行,还因为你之前提到它能增加影片的深度。

李安:我是这么认为的,但事实上对于一般的影片来说,2D和3D没有什么区别。如果观众喜欢影片的故事,如果他们真情投入或相信,那……我想有区别。这是我开始用这种技术的原因之一。但理想情况是,这不是影片最主要的效果。不过,我认为3D更能让人感觉自己和派在一起,尤其是在海上的部分。我认为在这个方面是有帮助的。我认为对所有观众来说——不仅仅是艺术电影的观众或他们之外的更多观众——这都是全新的。同时,观众会有身临其境、和派在一起的感觉。我认为这对电影真的有所帮助。

和影片表达的东西不同,我不认为我能够让你爱上3D,从中获得某种意义。3D只能让观众观看影片时,在视觉上感觉亲身经历了派所经历的一切。我认为2D是不太可能做到这一点的。

比灵顿：我称之为 3D 杰作，就是因为 3D 有助于拉近观众与派的距离，让观众相信他的故事，感受他在整个过程中的体验。

李安：另外，3D 还能……以船沉没的镜头为例……

比灵顿：对——那是个很精彩的镜头。

李安：我常常想从他身后拍摄那个镜头。我认为那是我们在梦中或者想象自己做某事时的视角。总是——你在亲身参与，但也从某个视角看到自己。你会看到一些东西。你其实是看不到这样的画面的，除非能看到自己的脑袋，但你感觉自己在旁观。所以那是从身后越过肩膀的视角。

如果是 2D，那就只是一个从肩膀后拍摄的镜头。不是一种视角。不是主观的。但是用 3D 技术，如果把人物拉到屏幕之外，他就和观众在一起。因此，观众的感受会更强烈，尤其是一些越过肩膀的镜头，真的会让你感觉自己就是电影人物，或者他就是你。这只是一个方面……

比灵顿:你是怎么找到苏拉·沙玛并选他饰演派的？我听说颇费了一番周折,但他很出色。看到最后,我相信他的旅程,他仿佛真的经历了在船上漂流的那两百天。

李安:实际上真的花了那么长时间。十个月,和派漂流的时间一样长。我是通过一般选角流程——在印度的高中里进行地毯式搜索——找到他的。(笑。)你想要这个吗？你想试镜吗？我们直接问了几个——也可能更多——经纪人,有三千多个孩子进行了试镜,我看了他们的录像。三轮之后,我们筛选到十二个,苏拉就是其中之一。我在孟买与他们见面并让他们试镜。

苏拉立刻就脱颖而出了。看着他,我就能想象影片最终的样子。他看起来满怀深情。他很像派——聪明、机智,还有……那种气质。我认为他适合站在摄影机前,也会被观众喜爱。我就是有那种感觉。选角导演也同意我的看法。我测试了他。排了一场戏。让他讲第一个和第二个故事。然后我为他制造了一个情境,让他相信那是发生在他身上的真实故事,一切都等同于现实,其中的母亲就是他真的母亲,等等。然后他就入戏了,那画面令人揪心。接近尾声时,他开始哭泣。那是非常出色的试镜表现,而他以前从来没有表演过。到那个镜头的最后,不仅他化身为角色,我还感觉整部电影都有了着落。整个过程会很艰难,但你开始感觉自己有了某种依靠。电影完整了,就好像——那个孩子就是派。

他不会游泳。憋气能憋十五秒。(笑。)所以,他要接受高强度的体能训练,游泳,健身,锻炼身体。他必须习惯水,习惯乘船,学习如何站稳。为了改造他,我给他报了很专业的瑜伽课。因为很多表演课都借鉴了瑜伽。瑜伽之外,我还给他上个人表演课。他还要看很多材料……并参加部分准备工作。在五六个月的时间里,每个拍摄日都有训练。我们在水中拍摄,这对于这种规模、这种难度的影片是极不寻常的。在最后的三个月中,每个镜头都有他,而且我们在水中拍摄,简直是奇迹。

如果他病倒或者受伤,这部电影就拍不成了,如果他崩溃或者耍脾气,我们就完了。但他每一天都在状态。这个过程就是一场旅程。最后一个月,他正在进入一种奇怪、疯狂的精神、心理状态。我禁止任何人和他说话。他必须活在寂静的世界里,只听我给他的音乐。这是精神上的训练。他的眼神发生了明显的变化。

比灵顿：我就是这个意思。你确实让他完整经历了电影中的一切。

李安：而且他必须减重。所以午餐时间是紧要关头。他坚持了两个半月，就为了逐渐减重。所以可以说是天时地利人和。他尽管是在表演，却没有表演的感觉。这很不寻常。我拍电影已经二十年了。我要说，这是极不寻常的。

比灵顿：是的。不过这就是我喜欢看这部影片的原因。我认为效果很好，片中的表演更加诚实、真挚。但你的意思几乎是，从某种角度看，这不是表演。

李安：从某些角度看，这正是表演的真谛。有经验的演员——无论他们必须经历什么才能呈现那样的表演——有那种纯真和真诚。但对于他来说，他可能不知道电影一般不是这么拍的。（笑。）

比灵顿：意料之外的最大挑战是什么？有没有什么事项是预期很困难，但实际上轻松完成的？

李安：孩子们。当然我们很幸运。拍他们是最简单的。还有老虎。它们很棒。不仅……有些镜头被用在了成片中——我们有四只老虎。但我们拍摄（真）老虎的镜头成了（CGI）动画很好的参考。因此片中的老虎行为逼真。观众说看不出区别。

比灵顿：对，我也看不出。

李安：这是主要的原因，我们大量拍摄老虎日常行为的视频，真的从老虎身上学到很多。所以比我想象的容易。

比预料更难——水比预期的更难处理。用3D技术有好处也有坏处。没有我想的那么困难，但在有些方面又比我想象的要难处理。所以有优势也有劣势。但水总是……无论怎么准备，有怎样的预期，最终总是比预想的更难，真的很难。

比灵顿：不可控，对吗？

李安：是的。你会感到很无助。

比灵顿：你多样而精彩的职业生涯一直都有迷人、出彩的变化发展。你如何让自己作为电影人不断成长？从现在起，你觉得你会朝什么方向发展？你是如何选择拍摄的故事的？

李安：我的前四部电影都是类似的基调，《理智与情感》之后如果继续这种风格，那会有点可怕。我的创作之路恐怕很快就要走到尽头……而且，我自认为是对电影充满热情的导演。我渴望探索不同的影片，尝试不同的类型，与不同的人合作。比如在《理智与情感》中，英国人有独到的做事方法。无论是在武术指导还是最优秀的电影人身上，你都能学到一些东西。拍西部片就是拿着枪的男孩和骑马的故事。总有吸引我的东西。

所以，我认为自己只是一名热爱电影的导演。（笑。）我很好奇。我的人生经历并不丰富。成长过程中，我没什么有趣的经历。所以我想拍不同的电影，去不同的地方。这是我个人无法回避的精神内核。当你真诚地拍电影时，总有一些东西是不会变的。

至于素材，主要是要让我有所触动。如果我读到了深深地打动我，但表面上与我毫无关系的素材，让我极度好奇的陌生领域,我可能就会陷进去。因为拍摄电影是我的生活,是我未来一两年想要过的生活……我必须真心想做一个项目,才能说服我身边的人跟着我一起做。

"Interview: Ang Lee on the Journey of Bringing *Life of Pi* to the Screen" by Alex Billington from First-Showing.net, December 18, 2012.

如何将无法改编的《少年派的奇幻漂流》搬上大银幕

约翰·希斯科克/2012 年

李安深思了整整两个月,才同意导演改编扬·马特尔的布克奖获奖作品《少年派的奇幻漂流》——一个男孩和一只孟加拉虎被困在一条小船上二百二十七天的故事——的影片。

他知道自己不仅没有遵循演艺圈不和孩子或动物合作的老话,还需要考虑很多其他潜在的问题。

"小孩、水、大型特效、动物——这些全都在水上的一条小船里。这大概是所有电影人的噩梦。"他现在表示,"我知道这有难度和挑战性,随后干劲十足地决定'就由我来拍吧'。但开始做之后,我认为接这部电影是一个愚蠢的主意。"

这位曾获奥斯卡奖的导演从不惧怕做出艰难的选择。他曾挑战的主题包括简·奥斯汀的小说(《理智与情感》)、两个牛仔之间的爱情故事(《断背山》),以及标志性的美国摇滚音乐节(《制造伍德斯托克音乐节》)。

即便如此,这个可以有多种解读的故事——一个印度男孩与一只名为理查德·帕克的老虎共同经历现实和精神旅程——一直被认为无法改编成电影。福克斯2003年买下电影版权后,包括 M. 奈特·沙马兰和阿方索·卡隆在内的其他导演都曾考虑执导该片,但最终拒绝了这个复杂的故事。

五十八岁的李安于四年前接下这个项目,并几乎立刻决定将其拍成3D电影。"我认为如果用一个额外的维度,可能会有好的效果。"他说,"我希望影片给观众的体验与小说一样独特,而这就意味着用一个额外的维度拍摄这部电影。3D是新的电影语言,但还没有人将其视为一种艺术形式。

"比我预期的要难得多。这是一部大片,制作过程很折磨人。但我认为这是我的天职,应对挑战也可以是美妙的。"

在美国生活了三十多年的李安语调温和,滔滔不绝,语句时常是断断续续的,他常常微笑,散发着平静和从容的气质。不过他坦陈:"有时我会发脾气。我们几百个人在拍摄期间努力工作这么久,等待捕捉一个时刻,摄影机在运转,只要有人没有全心投入,我就会失控。不过这种情况出现得并不频繁,在片场只有过几次。"

在选定主演之前,李安花了一年时间筹备这部影片,测试用动画制作老虎的不同方式,后来通过在印度进行海选(参加试镜的年轻人多达三千多人),他选中了十七岁的学生——没有表演经验的苏拉·沙玛。他的父母恰好是数学家,这让李安评论道:"两位数学家的孩子主演一部名为《少年派的奇幻漂流》的影片,这是多么难得的巧合啊。"

影片主要是在世界上最大的自生浪水池中拍摄的,该水池建于中国台湾地区一座机场的旧址上。李安说:"在少年演员方面,我们非常幸运。每个镜头都有他。拍摄很艰难。他从未情绪崩溃,没有生病,没有行为不当,没有受伤,一直独挑大梁。这部影片对于制片厂来说是大投资。没有这个孩子,就没法拍这部电影。老虎方面,我们也很幸运。"

为了表现凶猛的理查德·帕克的样子,影片使用了四只真老虎进行取材。不过,小船上的诸多场景中出现的老虎都是用计算机生成的。

影片的框架是年长的派就这段经历接受一位作家的采访。此前曾出演李安首部美国电影《冰风暴》的托比·马奎尔被选中饰演这位作家。但拍摄之后,李安认为在知名度较低的一众演员中,他太有名了。所以他重新选择了英国演员拉菲·斯波,并重拍了相关片段。

"事实证明我低估了托比作为电影明星有多红,所以不得不重拍。"他解释道。

李安凭借他的第二部长片作品《喜宴》——讲述一个男同性恋者为了取悦父母而结婚的故事——获得国际关注后,他的作品就一直无法被分类。演员和评论家都好奇,他是如何拍出包括《理智与情感》《绿巨人浩克》《卧虎藏龙》《断背山》(他因该片获奥斯卡金像奖"最佳导演"奖)和《制造伍德斯托克音乐节》在内的如此多样的作品的。

"我从不把拍电影看成工作,我拍电影是因为我在做自己喜欢的事情。"他解释道,"我选择那些能够让我本能地产生强烈情感反应的素材,因为它们必须能够打动我,否则做这些项目就没有意义。

"如果是我不熟悉的素材就更好。我和怀俄明州的同性恋牛仔没有任何共同点,但我记得,《断背山》的原著我看到最后泪流满面,那是一个好兆头。

"《少年派的奇幻漂流》刚出版时我就读了,而且看得很入迷——但我不认为它适合被改编成电影。"

……李安在台北学习表演,后在伊利诺伊大学厄巴纳-香槟分校学习,在纽约大学电影学院开始了他的电影生涯。

"我是一个很听话、特别害羞和胆怯的小孩,"他回忆道,"我从不叛逆,从不失态,但我总是在走神,恍恍惚惚的。但我十八岁有机会接触艺术,第一次在舞台上表演之后,我就知道这是我想做的事情。"

他拍摄的短片为他赢得了经纪人,但他花了五年时间兜兜转转地努力落实项目。其间,他照顾两个儿子,妻子微生物学家林惠嘉则是一家人唯一的收入来源。

1991年,他拍摄了首部长片作品《推手》,影片的剧本也是他创作的。随后,他又推出了《喜宴》和《饮食男女》。这几部作品均获评论界好评及大量奖项提名,并为他打开了好莱坞的大门。

他选项目很谨慎,每一个项目都会投入大量的时间。他二十年只拍摄了十二部长片的事实也证明了这一点。

"我是项目的奴隶,不是主人。"他说道,"我会不惜一切代价将其拍成,并且让我身边的人对其有信心。

"一部电影会占据我人生的一年或两年,《少年派的奇幻漂流》则是将近四年。"

"Ang Lee Interview: How He Filmed the Unfilmable for *Life of Pi*" by John Hiscock from the *Telegraph*, December 19, 2012. © Telegraph Media Group Limited 2012.

中英文作品名对照表

《冰风暴》   *The Ice Storm*

《断背山》   *Brokeback Mountain*

《分界线》   *Fine Line*

《理智与情感》   *Sense and Sensibility*

《绿巨人浩克》   *Hulk*

《色,戒》   *Lust, Caution*

《少年派的奇幻漂流》 *Life of Pi*

《圣子》   *Chosen*

《推手》   *Pushing Hands*

《我爱中国菜》   *I Love Chinese Food*

《卧虎藏龙》	*Crouching Tiger, Hidden Dragon*
《喜宴》	*The Wedding Banquet*
《阴凉湖畔》	*I Wish I Was By That Dim Lake*
《饮食男女》	*Eat Drink Man Woman*
《与魔鬼共骑》	*Ride with the Devil*
《制造伍德斯托克音乐节》	*Taking Woodstock*
《追打》	*The Runner*

中英文人名对照表

A

阿尔玛	Alma
阿维顿,理查德	Avedon, Richard
埃尔梅斯,弗雷德里克	Elmes, Frederick
艾里奥特,山姆	Elliott, Sam
艾伦,琼	Allen, Joan
埃诺特,安德烈	Ernotte, André
奥撒纳,黛安娜	Ossana, Diana
奥斯汀,简	Austen, Jane

B

巴纳,艾瑞克	Bana, Eric
白兰度,马龙	Brando, Marlon
班纳,布鲁斯	Banner, Bruce
班纳,大卫	Banner, David
保罗,汤姆	Paul, Tom
褒曼,英格丽	Bergman, Ingrid
鲍文,彼得	Bowen, Peter
贝茨,诺曼	Bates, Norman
贝蒂	Betty
贝克尔,朱迪	Becker, Judy
贝瑞,克里斯	Berry, Chris
贝托鲁奇,贝纳尔多	Bertolucci, Bernardo
比灵顿,亚历克斯	Billington, Alex
伯格曼,英格玛	Bergman, Ingmar
布尔	Bull
布兰登	Brandon

| 布兰迪斯,乔纳森 | Brandis, Jonathan |
| 布鲁克斯,梅尔 | Brooks, Mel |

C

| 柴夏尔,戈弗雷 | Cheshire, Godfrey |

D

达蒙,马特	Damon, Matt
达什伍德,埃丽诺	Dashwood, Elinor
达什伍德,玛丽安	Dashwood, Marianne
戴尔,让	Dell, Jean
戴维斯,丽贝卡	Davies, Rebecca
德·玛尔,恩尼斯	Del Mar, Ennis
德西卡,维托里奥	De Sica, Vittorio
迪恩,詹姆斯	Dean, James
迪卡普里奥,莱昂纳多	DiCaprio, Leonardo
迪克,菲利普·K.	Dick, Philip K.

多兰,林赛　　　　　　　Doran, Lindsay

E

厄普代克,约翰　　　　　Updike, John

F

范·桑特,格斯　　　　　Van Sant, Gus
费华士,爱德华　　　　　Ferrars, Edward
费里尼,费德里科　　　　Fellini, Federico
费舍尔,保罗　　　　　　Fischer, Paul
弗兰科,拉瑞　　　　　　Franco, Larry
富勒,格雷厄姆　　　　　Fuller, Graham
弗里基诺,卢　　　　　　Ferrigno, Lou

G

格兰特,加里　　　　　　Grant, Cary

格兰特,休	Grant, Hugh
格罗夫,乔纳森	Groff, Jonathan
古柏,彼得	Guber, Peter
古德曼,亨利	Goodman, Henry

H

哈莫修依,威尔汉姆	Hammershoi, Vilhelm
海德,马丁	Heade, Martin
海瑟薇,安妮	Hathaway, Anne
海文思,里奇	Havens, Richie
汉拜德,亚当	Hann-Byrd, Adam
胡德,保罗	Hood, Paul
胡德,本	Hood, Ben
怀尔德,比利	Wilder, Billy
怀斯,安德鲁	Wyeth, Andrew
怀斯,格雷	Wise, Greg
霍尔特	Holt
霍夫曼,汉斯	Hofmann, Hans

霍克斯,霍华德　　　　　Hawks, Howard
霍珀,爱德华　　　　　　Hopper, Edward
霍珀,泰德　　　　　　　Hope, Ted

J

吉布森,梅尔　　　　　　Gibson, Mel
吉伦哈尔,杰克　　　　　Gyllenhaal, Jake
金,艾伦　　　　　　　　Kim, Ellen

K

卡佛,麦基　　　　　　　Carver, Mikey
卡隆,阿方索　　　　　　Cuarón, Alfonso
卡维泽,吉姆　　　　　　Caviezel, Jim
康纳利,詹妮弗　　　　　Connelly, Jennifer
科尔曼,大卫　　　　　　Colman, David
克莱恩,凯文　　　　　　Kline, Kevin
克利夫特,蒙哥马利　　　Clift, Montgomery

科默,布鲁克	Comer, Brooke
肯尼,格伦	Kenny, Glenn
库尔特,迈克尔	Coulter, Michael

L

拉多,詹姆斯	Rado, James
拉格尼,杰罗姆	Ragni, Gerome
莱杰,希斯	Ledger, Heath
赖特,杰弗里	Wright, Jeffrey
兰,迈克尔	Lang, Michael
兰卡斯特,伯特	Lancaster, Burt
勒罗伊,杰森	LeRoy, Jason
雷,史蒂文	Rea, Steven
雷诺阿,让	Renoir, Jean
李,斯派克	Lee, Spike
利克斯,宁宁	Leakes, NeNe
里奇,克里斯蒂娜	Ricci, Christina
里奇,唐纳德	Richie, Donald

林奇,大卫　　　　　　　　Lynch, David

卢卡斯,乔什　　　　　　　Lucas, Josh

露琳　　　　　　　　　　Lureen

罗德尔,杰克　　　　　　　Roedel, Jake

M

马丁,迪米特利　　　　　　Martin, Demetri

马克斯韦尔,罗伯塔　　　　Maxwell, Roberta

马奎尔,托比　　　　　　　Maguire, Tobey

马特尔,扬　　　　　　　　Martel, Yann

马祖斯基,保罗　　　　　　Mazursky, Paul

麦克罗比,皮特　　　　　　McRobbie, Peter

麦克穆特瑞,拉里　　　　　McMurtry, Larry

曼,安东尼　　　　　　　　Mann, Anthony

梅普尔索普,罗伯特　　　　Mapplethorpe, Robert

米尔克,哈维　　　　　　　Milk, Harvey

莫夫曼,奥伦　　　　　　　Moverman, Oren

莫里斯,威廉　　　　　　　Morris, William

穆迪,里克　　　　　　　Moody, Rick

N

尼克松,理查德　　　　　Nixon, Richard
诺曼,尼尔　　　　　　　Norman, Neil
诺特,尼克　　　　　　　Nolte, Nick

P

帕克,理查德　　　　　　Parker, Richard
帕特尔,派西尼·莫利托·"派"　　Patel, Piscine Molitor "Pi"
普列托,罗德里戈　　　　Prieto, Rodrigo
普鲁,安妮　　　　　　　Proulx, Annie

Q

契弗,约翰　　　　　　　Cheever, John
乔普林,詹尼斯　　　　　Joplin, Janis

R

瑞克曼,艾伦　　　　　　　Rickman, Alan

S

沙玛,苏拉　　　　　　　　Sharma, Suraj
沙马兰,M. 奈特　　　　　　Shyamalan, M. Night
施奈德,玛利亚　　　　　　Schneider, Maria
舒马赫,乔　　　　　　　　Schumacher, Joel
斯波,拉菲　　　　　　　　Spall, Rafe
斯丹顿,艾美达　　　　　　Staunton, Imelda
斯科特,雷德利　　　　　　Scott, Ridley

T

台伯,埃利奥特　　　　　　Tiber, Elliot
唐,迈克尔　　　　　　　　Tong, Michael

汤普森,艾玛	Thompson, Emma
特威斯特,杰克	Twist, Jack

W

韦恩,约翰	Wayne, John
韦弗,西格妮	Weaver, Sigourney
韦勒比	Willoughby
威廉姆斯,大卫·E.	Williams, David E.
威廉姆斯,米歇尔	Williams, Michelle
韦斯特,梅	West, Mae
温丝莱特,凯特	Winslet, Kate
伍德,伊利亚	Wood, Elijah
伍德里尔,丹尼尔	Woodrell, Daniel
乌尔里奇,斯基特	Ulrich, Skeet
伍夫	Woof

X

西蒙	Simon

希斯科克,约翰　　　　　　　Hiscock, John
夏慕斯,詹姆斯　　　　　　　Schamus, James

Y

亚当斯,安塞尔　　　　　　　Adams, Ansel
雅斯格,马克斯　　　　　　　Yasgur, Max
伊戈扬,阿托姆　　　　　　　Egoyan, Atom

Z

詹姆斯,尼克　　　　　　　　James, Nick
珠儿　　　　　　　　　　　　Jewel